イスラームを知る

9

マイノリティと国民国家

フィリピンのムスリム

Kawashima Midori

川島 緑

マイノリティと国民国家　フィリピンのムスリム　目次

監修：NIHU（人間文化研究機構）プログラム　イスラーム地域研究

フィリピンのムスリム

フィリピンでは、カトリックを中心とするキリスト教徒が全人口の九〇%以上を占め、ムスリム(イスラーム教徒)は圧倒的な宗教的少数派である。フィリピンのムスリムの多くは、南部のミンダナオ島の中部から西部、スールー諸島、パラワン島の海岸部に集中して住んでいる。[1] 本書では、これらの地域をムスリム地域と呼ぶことにする。ムスリム地域では、一九七〇年初頭以来、自分たちをフィリピン人(フィリピーノ)とは別個の「モロ民族(バンサ・モロ)」と名乗り、南部フィリピンの分離独立または高度の自治を求めるムスリムが、モロ民族解放戦線(MNLF)、および、モロ・イスラーム解放戦線(MILF)などの組織を結成して武装闘争を展開してきた。[2] この南部フィリピン紛争では、これまで、およそ四〇年間に、約一二万人の死者と多数の負傷者や難民が生じ、紛争地域の人びとの暮らしは深刻な打撃を受けた。この紛争は、世界でもっとも長期間続く少数民族紛争の一つとして知られており、それを反映して、フィリピンのムスリムに対するマスメディアの関心も武力紛争に集中した。その結果、新聞やテレビのニュースで報道されるフィリピンの

1 フィリピンは大きく，北部のルソン島，中部のビサヤ諸島，南部のミンダナオ島とスールー諸島の3つの地方に分けられる。このうち，ルソン島，ビサヤ諸島，および，ミンダナオ島北部・東部ではキリスト教徒住民が多数派を占めており，ムスリムの多数は，ミンダナオ島中部・西部，スールー諸島，パラワン島南部に集中して居住している。しかし，ルソン島のマニラ首都圏や，その他全国各地の都市に出稼ぎに行ったり，南部での紛争を避けて移住したムスリムも多い。

2 モロという言葉の意味については16，65頁を，MNLFとMILFについては第4章を参照。

ムスリムは、反政府ゲリラか難民に大きく偏っており、そうした報道をつうじて、フィリピンのムスリムとは、「危険で怖い人たち」、あるいは「無力な犠牲者」のどちらか、という極端なイメージが広まってしまった。

しかし、武力紛争だけが、フィリピンにおけるムスリムと非ムスリムの関係のすべてではない。マニラ、セブ、バギオをはじめとする全国の大都市には、多数のムスリムが住み、キリスト教徒とともに経済活動を営んでいる。マニラのショッピングセンターの一角には、ムスリム商人がアクセサリーや小物をあつかう店を構え、ムスリムとキリスト教徒双方の客で賑っている。マニラの下町、キアポでは、クリスマスが近づくと、モスクの近くにある簡易住宅で、ムスリムの家族が一家総出でクリスマス・プレゼントのラッピングの内職に励む。大学でキリスト教徒と机を並べて勉強し、医師や教師、公務員などの職につく中間層ムスリムもめずらしくない。議会制民

▶フィリピン全図

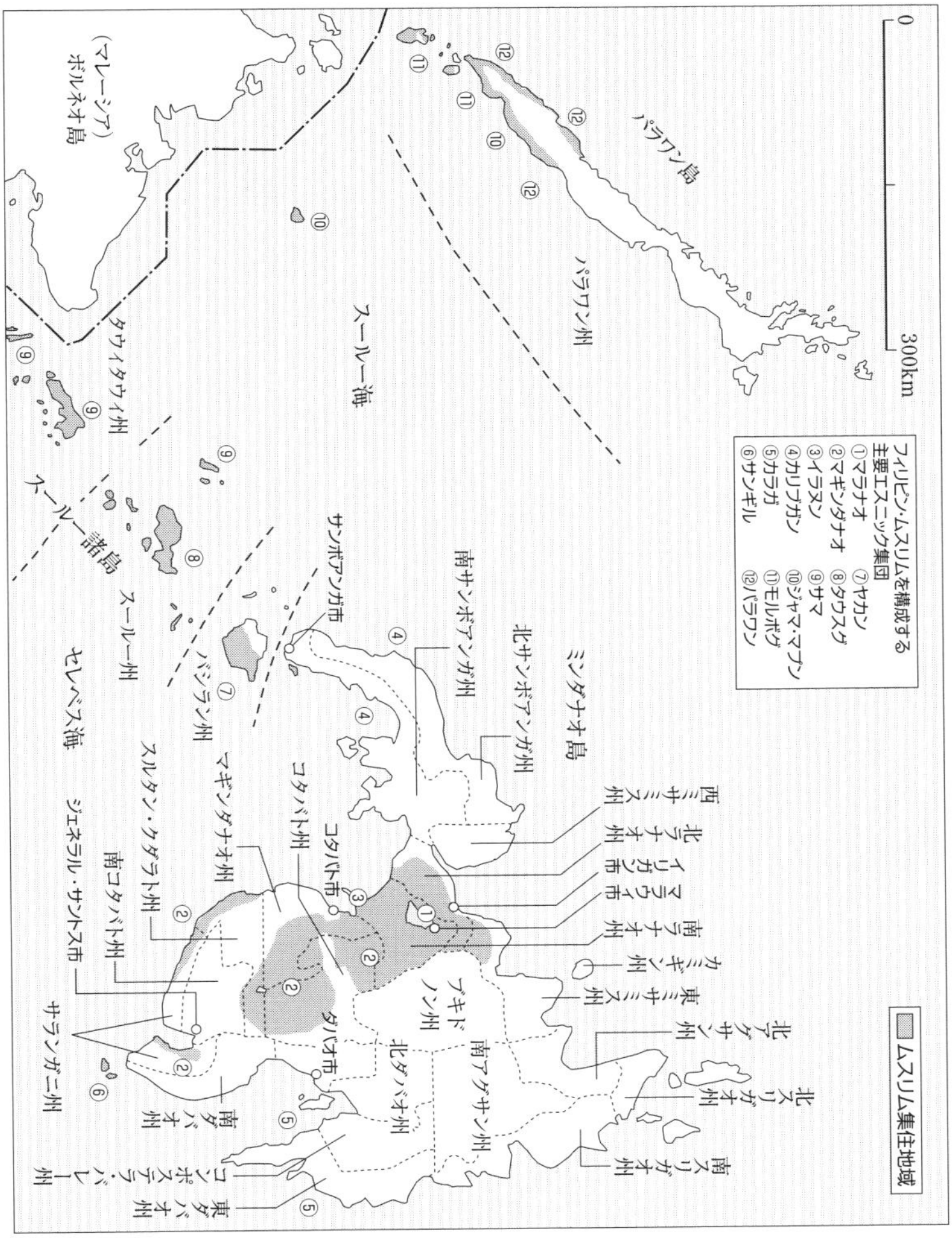

▲フィリピン・ムスリムの集住地域

◀▲マニラ首都圏のショッピングセンターにあるアクセサリー店

▲マニラ市キアポにあるマニラ・ゴールデン・モスク

主政治への参加や教育をつうじて、フィリピン・ムスリム社会を、また、フィリピン社会そのものを改革しようと、キリスト教徒とともに努力するムスリムもいる。そして、フィリピンの大衆文化は、マスメディアをつうじて、宗教の違いに関係なくフィリピン住民に浸透し、ムスリムも、全国放映のクイズ番組に熱中する。有名なフィリピン人ボクサーで国会議員のマニー・パッキャオや、アメリカを拠点として活躍するフィリピン人歌手シャリースは、キリスト教徒であるが、フィリピンのムスリムも彼らに熱い声援を送る。キリスト教からイスラームに改宗した人気俳優、ロビン・パディリヤも、宗教と無関係に全国にファンをもつ。

　だが、分離独立や高度の自治を求める運動を、一般のムスリム大衆から遊離した、ごく一部の特殊な人たちの運動であり、取るに足らないものとする見方も妥当ではない。武装闘争をともなうモロ民族解放運動は、その最盛期の一九七〇年代半ばには、ムスリム地域の住民を広範に動員した。今日、国会議員、州知事、地方政府幹部職員などの行政官や、大学教員、法律家などの専門職、イスラーム学校教師、地域社会の指導者や民衆的知識人など、ムスリム地域で社会的に大きな影響力をもつ人びとのなかには、かつてモロ民族解放運動に積極的に参加していた人びとが多数含まれている。これらの人びとは、現在では武装闘争と距離を

◀ロビン・パディリヤ主演のタガログ映画「ブハイ・カマオ」(命の拳《こぶし》)　貧困生活のなかで，家族のために危険を承知でボクサーとして生きる道を選んだ男の物語。

おいている場合が多いが、モロ民族解放運動を「われわれの革命」と呼び、新しい時代を開いた重要なできごととしてみなしており、言論をつうじてそのような見方をムスリム社会に普及させてきた。筆者が毎年現地調査を継続的におこなっている中部ミンダナオのラナオ地方では、公務員や専門職も含め、多くのムスリム住民が、イスラームにもとづく高度の自治の確立を求めて武装闘争を展開してきたモロ・イスラーム解放戦線に関して、正当な闘いという見方をもっている。非分離主義的政治運動や、非政治的な運動(いわゆる「穏健」な運動)と、武装闘争も辞せずモロ民族国家の樹立を求める「急進的」な運動は、要求内容や目的達成の手段が異なるため、質的に異なる別個の運動であるかのような外観を呈している。しかし両者は、広範なイスラーム復興の社会的基盤を共有しており、さらに、西洋型ムスリム知識人が主導してきたリベラルな政治要求や、左派ムスリム知識人が率いる政治・社会運動とも協力したり対立しながら、相互に影響を与えつつ展開されてきた。

国民国家とマイノリティに関する問題を考えるとき、差別、抑圧、搾取、不平等など、国民国家の構造とそこにおける周辺化(マイノリティ化)と、それに対するマイノリティ側の対応という枠組みで説明されることが多い。筆者もそのような見方を否定するものではない。本書でも、そのような枠組みで説明している部分が多い。しかし、ムスリムの宗教・政治・社会運動を考えるとき、基本的に国家に対して自律的で、それ自身のダイナミズムをもち、国家をこえた広がりをもつ、イスラーム運動というとらえ方が必要であろう。イスラーム運動の指導者や参加者にとって、国民国家がどのような存在であり、それに対してどのような態度をとり、それをイスラームのなかにどのように位置づけようとしたか、すなわち、イスラーム運動の側から国民国家をみるという視点が重要と思われる。

そこで筆者は、イスラーム運動という視点を取り入れ、それとの関係に注目しながら、二十世紀のフィリピンで、ムスリムが展開してきたさまざまな宗教・政治・社会運動を理解しようと努めてきた。フィリピンのイスラーム運動を研究する場合、最大の障害は資料の問題である。イスラーム運動の指導者は、おもに南部フィリピンの現地の言葉や、フィリピンを含む東南アジア海域世界のリンガ・フランカ(共通語)であるマレー語、アラビア語など、欧米言語以外の言葉で文書を残してきた。しかし、これらの資料は、英語が偏重されるフィリピンのアカデミズムのなかでその重要性を認められず、体系的な収集や保存がなされてこなかった。そこで筆者は、現地の人びとの協力をえて、マラナオ語やタウスグ語などの現地語資料や、マレー語、アラビア語などの文書を少しずつ集め、各分野の専門家との共同作業によって読み進めてきた。

本書はその成果も取り入れて、この一〇〇年ほどのあいだに、フィリピンのムスリムがおこなってきたさまざまな宗教・政治・社会運動の全体像を描き、そのなかにモロ民族独立運動を位置づけ、それをつうじてマイノリティ・ムスリムと国民国家の関係を多面的・動態的に理解しようとするものである。具体的には、一九六〇年代末に開始されたモロ民族独立運動に焦点をあて、その運動の展開過程と指導者の政治思想、社会的基盤をわかりやすく説明し、それ以前の諸運動や、近年の新しい動きとの関連を考えてみたい。

以下では、まず、背景として、フィリピンにおいてムスリムがおかれてきた状況(第1章)と、フィリピン国家のムスリムに関する制度と政策の概要(第2章)を説明する。続く第3章では、十九世紀から一九六〇年代までの時期に、フィリピンのムスリムが展開してきたイスラーム運動のおもな潮流を概観する。第4章では、モロ民族独立運動とその思想がどのように形成され、展開されたかをたどり、第5章では、フィリピンで民主的政治制度が復活した一九八〇年代後半以降、参加民主主義、地方分権、グローバル化という新たな状況下で、ムスリムの政治・社会運動がどのように展開し、どこに向かおうとしているかをみていく。

第1章　フィリピン・ムスリムとはどんな人びとか

多言語、多文化状況を生きる人びと

　本書では、フィリピンの国籍をもち、イスラームの教えを受け入れた人をさしてフィリピン・ムスリムと呼ぶ。フィリピンにはどのくらいの人数のムスリムがいるのだろうか。基本的に世俗主義をとるフィリピンでは、パスポートなどの公的身分証明書にも宗教を記載しない。したがって、ある人がムスリムかどうかは、本人がどう考えるかにかかっている。もっとも広く用いられる宗教統計は、センサスの宗教別人口統計である。これは、サンプル抽出による面接調査での自己申告にもとづいて作成される。二〇〇〇年のセンサスによると、フィリピンのムスリムは、全人口の五・一％、絶対数では約三九〇万人である。これに対し、フィリピン・ムスリムの行政官や研究者のなかには、センサスのムスリム人口は過小評価であり、実際にはおよそ一〇％のムスリムがいると主張している人が多い。いずれにせよ、圧倒的マイノリティであることは確かである。

フィリピン・ムスリムには、居住地、母語、慣習、植民地化以前のスルタン制王国との関係、生活様式などの点でじつに多様な人びとが含まれている。スールー諸島一帯からミンダナオ島西端のサンボアンガ半島にかけては、かつてスールー王国の支配民族であったタウスグ人や、海産物採集や海運によってスールー王国の経済を支えたサマ人が集中しており、ミンダナオ島西部のイリャナ湾からプラギ川流域にかけては、マギンダナオ王国とそこから分立した諸王国の支配民族であったマギンダナオ人が集中して居住している(三頁地図参照)。その北側に隣接する、イリャナ湾北部沿岸地帯と内陸のラナオ湖周辺地域には、マギンダナオ人と言語的に近縁関係にあるマラナオ人とイラヌン人が集中して居住している。このうち、マラナオ、マギンダナオ、タウスグの三つのエスニック集団が、フィリピン・ムスリム全体の人口の七七%(二〇〇〇年センサス)を占めており(表2参照)、フィリピン・ムスリムの三大エスニック集団と呼ばれている。

それ以外にも、ヤカン、イラヌン、サマ、ジャマ・マプン、カリブガン、サンギルなど、異なる言語や生活様式をもつエスニック集団がフィリピン・ムスリムのなかに含まれる。さらに、ルソン島、ビサヤ諸島、ミンダナオ島北部などのキリスト教徒多数派地域の出身で、タガログ語、イロカノ語、セブアノ語、ワライ語などを母語とするキリスト教徒が、ムスリムとの結婚や中東への出稼ぎなどをきっかけとしてムスリムに改宗する例も少なく

表1 フィリピンの宗教別人口

宗　　教	人　数(人)	割合(%)
カトリック	61,862,898	81.0
イスラーム	3,862,409	5.1
福音主義教会	2,152,786	2.8
イグレシア・ニ・クリスト*	1,762,854	2.3
フィリピン独立教会**	1,508,662	2.0
少数民族の独自宗教(精霊信仰等)	164,080	0.2
仏教	64,969	0.1
その他(おもにプロテスタント諸派)	4,528,390	6.0
無宗教	73,799	0.1
不明	351,632	0.4
総人口***	76,332,470	100.0

＊　1913年にフェリックス・マナロが創始したフィリピン独自の教会。
＊＊　1902年にローマ・カトリック教会から分離して設立された教会(別名アグリパイ派教会)。
＊＊＊　宗教別人口はサンプル調査にもとづく推計のため，合計は総人口と一致しない。

出典：National Statistics Office, Republic of the Philippines, *2000 Census of Population and Housing, Report No.3, Socio-Economic and Demographic Characteristics*, Manila. Table 8.

表2 フィリピン・ムスリムのエスニック集団別推計人口(2000年)

エスニック集団	人口数*　(人)	全ムスリム人口に対する比率　(%)
マラナオ	1,036,000	26.9
マギンダナオ	1,008,000	26.2
タウスグ	918,000	23.8
サマ	393,000	10.2
ヤカン	155,000	4.0
イラヌン	154,000	4.0
その他	190,000	4.9
合計	3,854,000	100.0

＊　100人未満は四捨五入。

出典：Human Development Network (2005), *Philippine Human Development Report 2005*, pp.12,14; National Statistics Office (2003), *2000 Census of Population and Housing: Report No.2, Vol.1. Demographic and Housing Characteristics*. Manila, p.60.

表3 南部フィリピンの州別ムスリム人口(2000年)＊

州	ムスリム人口**(人)	州総人口に対する比率 (%)
スールー州	602,200	97.2
タウィタウィ州	304,500	94.5
南ラナオ州***	745,000	93.3
マギンダナオ州***	754,300	78.4
バシラン州	255,800	76.9
北ラナオ州***	190,400	25.1
スルタン・クダラト州	134,100	22.9
コタバト(北コタバト)州	188,400	19.7
南サンボアンガ州***	268,900	13.9
サランガニ州***	64,800	7.9
パラワン州	51,800	6.9
その他14州	197,600	1.7
南部フィリピン全25州合計	3,757,800	18.2

＊　ムスリム人口比5%以上の州のみ掲載。網掛け部分はムスリム・ミンダナオ自治地域を構成する5州。
＊＊　100人未満は四捨五入。
＊＊＊　各州内の市のデータも合算。

出典：National Statistics Office (2003), *2000 Census of Population and Housing: Report No.3, Socio-Economic and Demographic Characteristics*. Manila.Table 8.

ない。フィリピンでは、これらの改宗ムスリムを「バリク・イスラーム」と呼ぶ。これは「イスラームに帰る」という意味のフィリピン語で、スペイン人がもたらしたキリスト教から、フィリピン人の本来の宗教であるイスラームにもどってきた人という意味をもつ。[1]

先に述べたように、フィリピン・ムスリムの大多数は南部フィリピンに住んでいる。[2] しかし、南部フィリピンは決してムスリムだけの空間ではなく、異なる言語や宗教や文化をもつ多様な人びとが相互に交流してきた歴史をもち、現在も、多様な人びとが複雑に入り組んで居住する多言語、多文化空間である。七世紀にアラビア半島で成立したイスラームは、アラブ人の商業活動の東方への拡大にともなって東漸した。スールー諸島に最初のイスラーム伝道師が到来したのは、一説には十三世紀末とされる。これらのイスラーム伝道者をつうじて、スールー諸島やミンダナオ島西部の社会が徐々にイスラーム化され、十五世紀半ば以降、ホロ島のスールー王国やミンダナオ島プラギ川流域のマギンダナオ王国などのスルタン制イスラーム国家が形成された。十六世紀にフィリピン諸島に到来したスペイン人は、十六世紀後半以降、ルソン島とビサヤ諸島の平地部の大半の地域に植民地統治を確立し、住民をカトリックに改宗したが、南部のミンダナオ島、スールー諸島の住民に対しては、十九世紀後半にいたるまで実効的な支配をおよぼすことができなかった。

一八九八年、米西戦争に勝利したアメリカ合衆国は、スペインからフィリピン諸島の領

1 これは，スペイン人による植民地化以前は，イスラームがフィリピン全土に広まっており，住民は皆ムスリムであったという考え方にもとづいている。

2 2000年センサスでは約95%。

有権を獲得し、二十世紀初頭、南部フィリピンのムスリム地域の植民地統治を開始した。アメリカはミンダナオ島の土地や天然資源に注目し、ルソン島やビサヤ諸島からキリスト教徒入植者を誘致してミンダナオ開拓を進める政策をとった。

さらに、一九三五年に発足したコモンウェルス政府[3]、および、独立後のフィリピン共和国政府も、入植民誘致によるミンダナオ開発政策を担進したため、多数のキリスト教徒入植民が南部フィリピンに移住し、その結果、南部フィリピンの多くの州で宗教別人口比が大きく変化した。今日では、南部フィリピン全二五州のうち、ムスリムが多数派であるのは五州のみとなり、その他の二〇州ではムスリムが少数派になっている(表3参照)。

さらに、主として山地部に居住し、かつてスルタン制イスラーム国家の外部に位置づけられ、精霊信仰を維持していた、バゴボ、マノボ、ティボリ、ティルライ、ビラアンなどと呼ばれる人びともいる。これらの山地先住民の多くは、今日キリスト教徒になっており、近年では、これらの人びとを総称して「ルマッド」[4]という呼称が用いられている。さらに、南部フィリピン各地では、スルタン制王国の時代から、中国人商人がこの地域に進出し、交易において重要な役割をはたしてきた。その子孫である中国系住民もミンダナオ社会を構成する重要な人びとである。フィリピン全体についてもいえることだが、南部フィリピン社会は、単一の宗教や文化が一枚岩的に全体をおおっているわけではなく、さまざまな

3　10年後の独立を前提とした自治政府。
4　ビサヤ地方の言語で，高地民を意味する。

言語や宗教や文化をもつ人びとが相互に干渉しあって形成されてきた，多彩でダイナミックな社会である。

グローバル化が進展する今日，フィリピン・ムスリム社会の流動性，多様性はさらに高まっている。マニラや全国の都市に移住したり，これらの都市と故郷を行き来して生計を営んでいるムスリムも多い。さらに，一九七〇年代以来，サウジアラビアをはじめとする中東や，スールー諸島に隣接しているマレーシア東部のサバ州などに出稼ぎに行ったり，移住する人も多い。

そのため，彼らのアイデンティティは複合的で流動的である。スールー諸島で調査をおこなった人類学者，P・ホルヴァティッチは，サマ語を話す少年は，サマ，ムスリム，フィリピン人，モロ民族などの複数の人間集団に対するアイデンティティをもっており，それらのあいだに矛盾があるとは意識しておらず，社会的状況に応じて必要なアイデンティティを表出しながら日々の暮らしを送っていると報告している。同じような状況は，他の地域で暮らすフィリピン・ムスリムに関してもみられる。

マジョリティからみたムスリム像

フィリピン・ムスリムの多くは，就職や住宅の賃貸をはじめ，日常生活のさまざまな

▶**中国系ムスリム，ダトゥ・ピアン**
スペイン統治末期から米国統治期にかけて，マギンダナオ地方の農産物の流通を掌握して財を成したムスリム有力首長。父は中国人商人，母はマギンダナオのムスリム女性であった。

場面で、ムスリムであるために差別されていると感じている。あるムスリムの教師は、住民のほとんどがキリスト教徒である地区の住宅分譲地を購入しようとしたところ、ムスリムであることがわかった途端に、購入を拒否された経験をもつ。こうした差別を生む偏見を明らかにするために、二〇〇五年、フィリピン人間開発ネットワークが、国連開発計画などの協力をえて、民間社会調査機関に委託して、全国規模のムスリムに対する意識調査を実施した。その結果、かなりの人が、ムスリムを暴力と結びつけ、危険な存在とみなしていることが明らかになった。例えば、五五%の回答者は、「おそらくムスリムはアモックになりやすい」とみなしていた。アモックとは、フィリピンや近隣のマレー語圏で用いられる言葉で、突発的に興奮状態になって、見境なく人を襲うことを意味し、比喩的にはそれに類似した錯乱状態をさす。「ムスリムはおそらくテロリスト、または過激派である」という見方を肯定した回答者は四七%にのぼった。「ムスリムは内心では、すべての非ムスリムを嫌っている」という見方については、四四%が「おそらくそう思う」と答えた。この調査結果は、雇用や賃貸契約においても、ムスリムが不利にあつかわれる傾向があることを示した。

ムスリムに対するこのようなネガティブなステレオタイプは、スペイン植民地支配期に形成された、中北部キリスト教徒住民と南部ムスリム住民との敵対関係に起源をもつ。ルソン島とビサヤ諸島の平地部の大半に植民地統治を確立したスペイン人は、カトリック・スペイン文明を受け入れた平地部キリスト教徒住民をインディオと呼んだ。そして、スペイン人に服従せず、スペイン・カトリック文化の影響を受け入れなかった南部のイスラーム化した住民をモロと呼んだ。モロとは、スペイン本国において、スペイン人が北アフリカのマグレブ地方のムスリムに対して用いた呼称であり[5]、彼らはフィリピン諸島で出会ったムスリムに対してもこの呼称を用いた。

スペイン人は十六世紀から十九世紀末まで、当初はマルク諸島への航海ルートの確保、のちには布教とモロの海賊行為取締りを目的として、南部フィリピンに一連の軍事遠征をおこなった。これらの軍事遠征には、スペイン支配地域のキリスト教徒住民が軍船の漕ぎ手や兵士として動員された。これに対しムスリム側は、スペインの軍事侵略に対する報復と、交易品を確保するための労働力調達を目的として、フィリピン諸島中北部に遠征してキリスト教徒の村を襲撃し、住民を連れ去って奴隷として交易や生産活動に用いた。このようにして、人種や言語[6]、慣習などの点で多くの共通点をもつフィリピン諸島の住民が、植民地支配によりインディオとモロという、相互に対立関係にある二つの人間集団に分断され、両者のあいだに敵対心と警戒心が醸成されたのである。

平地部キリスト教徒地域の村々では、スペイン植民地時代以来、カトリックの聖人を讃

5 ローマ時代，ローマ人はマウレタニア(現在のアルジェリア西部とモロッコ)の住民をマウルスと呼んだ。「モロ」の語源は，このマウルスであり，英語のムーアにあたる。なお，スペイン語の「モロ」は男性形で，女性形は「モラ」。

6 フィリピンの諸言語は，いずれもオーストロネシア語系の言語である。

える祝祭（フィエスタ）で、モロモロという大衆演劇が演じられてきた。その筋書きは、キリスト教徒の王子が悪役のモロの王と戦い、神の助けによって最後はキリスト教徒の王子が勝利し、モロの姫は改宗して王子と結婚するというものである。このモロモロ芝居も、平地部キリスト教徒社会に、モロは海賊、裏切り者、悪者であるというネガティブなイメージを普及させた。このように、スペイン植民地支配下にあったフィリピン諸島中北部のキリスト教徒住民にとって、モロは、自分たちの社会秩序に災厄をもたらす恐るべき襲撃者であり、外の世界に属する他者であった。

十九世紀半ば、スペインはフィリピン諸島近海に蒸気船を就航させ、モロに対して軍事的優位を確立し、奴隷交易の拠点を攻撃して制圧した。奴隷労働や交易を経済的基盤としていたスールー王国やマギンダナオ王国はこれによって打撃を受け、さらにスペインの介入による王朝分裂のために弱体化し、十九世紀後半にはあいついでスペインの保護国となった。

そして二十世紀初めに開始されたアメリカ植民地統治により、南部ムスリム地域の住民は、近代植民地国家の周縁部に組み込まれ、マイノリティとして位置づけられることになった。一八九八年、アメリカのマッキンリー大統領はフィリピン領有にあたって「恩恵的同化」を宣言し、これによって植民地支配を正当化しようとした。これは、アメリカのフ

Column #01

セント・ルイス博覧会とモロ

一九〇四年、アメリカ合衆国ミズーリ州でセント・ルイス博覧会フィリピン展示が開催された。この展示は、アメリカ人の「文明の伝道者」としての自己イメージを反映しており、フィリピンの「非キリスト教徒部族」は、アメリカ人の教化を必要とする未開人として演出された。この展示の目的は、アメリカ人にフィリピンの資源とその可能性を知らしめ、フィリピンに対する親近感を高めることであった。

博覧会の報告書では、フィリピンの住民は、(1)もっとも文明度の低い人びと、(2)半文明化した人びと、(3)文明化した人びと、の三種に分類され、(1)の例としてネグリト(各地の山地に住む低身長の狩猟採集民)とイゴロット(ルソン島北部山地に住む山地民)、(2)の例としてバゴボ(ミンダナオの山地民の一グループ)とモロ、(3)の例としてビサヤ(フィリピン中部のキリスト教徒平地民)があげられている。

展示会場には水上集落や樹上家屋のあるモロ集落がつくられ、平地部キリスト教徒の生活との違いが強調された。教育展示館では、「非キリスト教徒部族」を代表する三グループとして、モロ、イゴロット、ネグリトの子どもたちを一クラスに集め、フィリピン人キリスト教徒の女性教師が英語を教えるモデル授業がおこなわれ、入場者の注目を集めた。居住地域が異なるこの三つのグループが一つのクラスで授業を受けることは、実際にはあ

▲セント・ルイス博覧会におけるモデル授業　モロ，イゴロット，ネグリトの子どもたちが一つのクラスで授業を受けている。

りえない。このモデル授業には、アメリカ人の指導のもと、一定の文明度に達したキリスト教徒フィリピン人が、未開人の子どもたちに英語教育をつうじてアメリカの価値観を授けて文明化するという、アメリカのフィリピン植民地支配の自己イメージが端的に表現されている。

モロを含む「非キリスト教徒部族」、すなわち未開人は、アメリカのフィリピン植民地統治を正当化するために不可欠の存在だったのである。

ィリピン植民地統治は、恣意的な支配にかえて、個人の権利と自由を保障し、正義と権利の統治をめざすというものであった。

アメリカ植民地政府は、フィリピン諸島の住民に対し、言語、宗教信仰、法、識字能力、衣食住、婚姻など、文化の諸側面に関する民族調査を実施してエスニック集団に分類し、それぞれの文明化の度合を判定し、序列化した。一九〇三年にアメリカ植民地政府がフィリピンではじめて実施したセンサスでは、フィリピンの諸エスニック集団が「文明部族」と「未開部族」に二分され、モロの下位集団である諸エスニック集団や、山地住民は「未開部族」に分類された。そして、これらの「未開部族」は「非キリスト教徒部族」と呼ばれ、アメリカ本国の先住民(「インディアン」)と同様、教化・文明化の対象とされた。こうして個々のエスニック集団と宗教的属性を固定的に結びつけ、「キリスト教徒のエスニック集団＝文明人＝先進的」と「非キリスト教徒のエスニック集団＝未開人＝後進的」という序列的な二分法にもとづく認識枠組みが形成された。

植民地国家の政治制度も、この二分法にもとづいて設計された。キリスト教徒住民が多数派を占める全国の大半の地域は地方自治を認められた。これに対し、南部ムスリム地域と山地民居住地域は、住民の自治能力が不十分であるとして差別的な政治制度のもとにおかれ、地方自治が制限された。その結果、これらの地域では、主要な地方行政職の多くが、外来のキリスト教徒に独占された。この差別的な政治制度が完全に廃止されたのは、フィリピン共和国独立後一〇年以上をへた一九五〇年代後半のことであった。このようにして、アメリカ植民地期に、宗教的帰属を目印とした不平等の構造が形成され、この仕組みが長年温存された。この過程で、「ムスリムは自分たちとは異なる後進的な人びとである」という見方が、マジョリティのキリスト教徒社会に普及していった。

植民地国家周辺部への編入

南部ムスリム地域は、第一次産品の供給地として、経済面でも植民地国家の周縁部に組み込まれていった。ミンダナオ島は広大な土地と、豊かな天然資源を有していたが、ルソン島やビサヤ諸島に比べて人口が少なかった。そこでアメリカ植民地政府は、その開発のためにルソン島やビサヤ諸島からの入植者を誘致、奨励した。アメリカ人の実業家や退役軍人の経営する農園もミンダナオ島各地に開設された。政府によるキリスト教徒入植者の誘致や奨励は、コモンウェルス政府によっても推進され、さらに独立後、フィリピン政府は、中部ルソンにおける共産党の影響を受けた農民運動への対策として自作農創出政策を採用し、ミンダナオ島への入植を推し進めた。その結果、すでに述べたように、ミンダナオ島の多くの州でムスリム人口比率が低下し、ムスリムが少数派の地位に転落した。

Column #02

日本のフィリピン占領とモロ

「日本人と会うのは、戦争以来初めてだよ」。一九九四年、マラウィ市のイスラーム学校教師、イドリス・ミンダラノ氏にインタビューしたとき、同氏は私にこういった。

イドリス氏は、一九四二年五月、ミンダナオ島のラナオ地方に日本軍部隊が進駐したとき、ユサフェ（在極東米国陸軍）配下のゲリラ部隊の一員として、父とともに日本軍の戦車に突撃し、負傷した。父はこの戦闘でなくなった。ダンサラン町（現マラウィ市）に駐屯した日本軍警備隊は、「悪質モロの殲滅《せんめつ》」と「有力酋長《しゅうちょう》の懐柔」の両面作戦で統治をおこなおうとしたが、住民の反発を招いた。一九四二年九月、ラナオ湖南岸のタンパラン町で、日本軍の一個中隊約一二〇人が、蜂起したムスリム住民との白兵戦により、ほぼ全滅する事件が起き、日本軍を震撼させた。ダバオの旅団司令部は、副官の神保信彦中佐を派遣し、「不逞《ふてい》モロ」の討伐作戦を実施した。

一方、湖南岸のバヤン町では、湖で遭難した日本軍将校を住民が救助したため、それに感謝した司令官がこの町を「小日本」と呼び、村人に危害を加えることを禁じたという話が伝わっている。そして、この町が災厄からまぬがれたのは、日本占領期、町の男たちが日没後の礼拝のあと、毎晩モスクに集まり、シリア人布教者から伝えられた霊験あらたかなジクルを唱えたからだと説明されている。このように、日本軍のことは、今日でもミン

◀ダバオの旅団司令部よりダンサランに到着した神保中佐(左)

ダナオ各地の住民のあいだで語り継がれている。ラナオ地方出身の著名なウラマー、アフマド・バシールによるアラビア語の著作『フィリピン・イスラーム史』には、日本占領期、「郷土・自由・宗教を護るためにムスリムも不信心者(キリスト教徒フィリピン人を指す)も協力し」て勇敢に忍耐強く日本と闘い、ついに勝利した、と書かれている。

アメリカ人がモロを未開部族とみなしていたことを指摘したが(コラム1)、日本人もおしなべて、モロを蛮族とみなしていた。日本の政府や軍、イスラーム研究機関は、フィリピン占領に先立ち、モロに関する情報収集もおこなったが、その大半はアメリカ人行政官や研究者が執筆した資料にもとづいており、それらをつうじて彼らの見方を受け継いでいたのである。日本は中東地域では植民地支配をおこなわなかったので、それを根拠として、イスラーム世界で信頼をえやすいという人が多い。しかし、この見方は、日本が東南アジアや中国において、ムスリムを対象として政治工作や軍事作戦、占領行政を実施したことを無視したものである。過去の事実を直視し、それを共有することが、日本人がアジアのムスリム、世界のムスリムと平和的に共存していくための第一歩として重要である。

入植民は近代的土地登記制度を利用して入植地における土地所有権を確立し、一部の成功者は農園を経営して土地を集積した。そのなかには、地元の有力者として地方政治に進出する者もいた。ムスリム有力者のなかにも同様に土地を集積する者もいたが、一般のムスリム住民の多くはこのような変化についていけず、慣習法にもとづく土地の権利を喪失する者もいた。これらの人びとは、外来者によって、先祖伝来の土地の権利が奪われていくと感じ、不満を強めていった。

第二次世界大戦期、日本はフィリピンを占領した。占領統治にあたっての基本方針は、コモンウェルス期のフィリピン政治・社会構造をそのまま維持することであった。フィリピンの占領政策策定にあたって、ムスリムに関する研究もおこなわれたが、それらはアメリカ植民地期にアメリカ人が執筆した英語文献に大きく依存しており、日本人は総じて、ムスリム住民を、キリスト教徒住民よりも未開な野蛮人として見くだしていた。占領行政を担当した日本軍政監部にとって、占領行政への協力をとりつけるにあたって、もっとも重要だったのは多数派キリスト教徒であり、マイノリティであるムスリムはフィリピン占領政策のなかでも優先度が低く、積極的なムスリム政策は実施されなかった。そのため、アメリカ植民地期とコモンウェルス期に形成された不平等の構造は日本占領によって大きく変化することなく、第二次世界大戦後に受け継がれた。

第2章　フィリピン共和国の制度とムスリム

国家と宗教の関係

一九四六年、フィリピンは共和国として独立した。ここで、フィリピンにおける国家と宗教の関係をみておこう。フィリピンは住民の圧倒的多数をキリスト教徒が占めているものの、キリスト教に特別の地位を公的に認めた「キリスト教国家」ではない。三五年に制定されたコモンウェルス憲法には、「人権憲章」が設けられ、そのなかで国家と宗教の関係が以下のように定められている。

(1)宗教の公定化[1]に関する法律、および、自由な宗教活動を禁止する法律を制定してはならない。

(2)〔自己の〕宗教の公言、および、礼拝を、差別や優遇されることなく自由に実施し享受することは、恒久的に認められなければならない。

(3)公民的、あるいは、政治的権利の行使に関して、〔その資格要件としての〕宗教上の審

[1] ある宗教を国教と定めるなど，国の制度において特定の宗教に特別の地位を与えることを法律で定めることを「宗教の公定化(establishment of religion)」という。具体的にどのような行為が宗教の公定化に含まれるかについては，国教制定に限定して狭くとらえる立場から，より広くとらえる立場まで解釈に幅がみられる。

査は課されてはならない。[2]

これらの規定は、アメリカ合衆国憲法修正第一条（一七九一年）、フィリピン組織法（一九〇二年）、フィリピン自治法（一九一六年、ジョーンズ法）のなかの規定を受け継いだものであり、一九七三年憲法、一九八七年憲法（現行憲法）にも同一の規定がある。一九七三年憲法と一九八七年憲法には、政教分離を明記した条文もある。[3]

このようにフィリピンは、西洋近代の自由主義政治思想にもとづく世俗主義の理念と制度を基本的枠組みとする国家である。したがって、制度上は、非キリスト教徒のムスリムや仏教徒が大統領に就任することも可能であり、[4]個人の宗教的帰属は私的領域の問題なので、公的機関が干渉してはならないとされる。

だが、フィリピンは、宗教を公的場面に持ち込むことをいっさい認めない、厳格な世俗主義国家ではない。フィリピン国家の出発点は、十九世紀末のスペインに対する民族独立革命（フィリピン革命）にあるが、当時の革命運動指導者のあいだには、世俗主義理念を厳格に守ろうとする自由主義者勢力と、カトリシズムの価値観を絆とし、それにもとづいて国家の制度や国民を形成しようとするカトリック教会勢力の両方が存在し、両者の力はほぼ拮抗《きっこう》していた。一八九八年に革命政府が開催した国民議会[5]では、両者のあいだで論戦がおこなわれ、最終的にたった一票差で自由主義者グループが勝利し、教会と国家の分離が

2　コモンウェルス憲法第3条第1項7。(1)〜(3)の番号は引用者による追加。〔　〕内は引用者による補足。

3　1973年憲法第15条第15項，および，1987年憲法第2条第6項。

4　ただし，実態としては，フィリピンの歴代大統領はすべてキリスト教徒であり，プロテスタントのフィデル・ラモス大統領を除き，他は全員カトリックである。

5　マニラ北方にあるブラカン州マロロス町で開催されたため，マロロス議会と呼ばれる。この議会で制定された憲法はマロロス憲法とも呼ばれる。

憲法に定められた。[6]

また、コモンウェルス政府発足以来、フィリピンの歴代大統領の就任式や国会開会式では宗教指導者が祈りを捧げ、大統領就任宣誓は、「神よ、われを助けたまえ」という句で締めくくられる。

さらに、一九四〇年代末からの冷戦体制期以後、政府は国内共産党勢力への対策として、[7]教会を、反共対策の重要なパートナーとして位置づけ、教会勢力の政治的要求に対して妥協的な姿勢をとるようになったため、教会の政治的影響力が拡大した。

教会は、信者の精神的指導者として政府をこえる社会的権威をもつと同時に、教会組織や系列の教育機関やメディアを擁し、それらをつうじて全国の信者に対して大きな影響力を行使してきた。名門私立大学の多くはキリスト教系大学であり、各界で活躍する人材を輩出し、同窓生のネットワークをつうじて、フィリピンの政治・社会・経済に影響を与えてきた。

マルコス大統領の強権体制下、教会はこのような組織力と影響力を駆使して反マルコス民主化運動の支柱となり、一九八六年の「ピープル・パワー革命」[8]において重要な役割をはたした。そのため、コラソン・アキノ政権成立後のフィリピン政治において、それまで以上に政治的に重要な位置を占めるようになった。また、教会は、キリスト教にもとづく

6 詳しくは池端 1991 を参照。

7 1950 年代のフィリピンでは，フィリピン共産党(PKP)の影響下にある中部ルソンの農民反乱(フク反乱)が最大の治安問題とされた。

8 1986 年 2 月，大衆が参加する非暴力の反マルコス運動と国軍改革派の反乱軍が合流して起きた政変。マルコス大統領が大統領官邸から脱出し，コラソン・アキノが大統領に就任した。

倫理共同体としてのフィリピン国民共同体を築くことをめざし、公教育の正規カリキュラムの一部である価値教育や公民教育のなかでキリスト教的価値を強調すべく活発に活動し、教育行政にも影響を与えてきた。

このように教会は、世俗主義の公式ルールを掲げるフィリピン政治の競技場のなかに、宗教勢力がプレーヤーとして参加するスペースを切り開くとともに、それが社会的にも肯定されるような政治文化を醸成してきた。このことは、フィリピンのイスラーム勢力にも政治への参入の道を開いた。ムスリム政治家や法律家、知識人らは、一九五〇年代以来、憲法に定められた「宗教信仰の自由平等」条項を根拠として、公的領域において教会が享受しているのと同等の待遇をイスラームにも認めるべきと、フィリピン政治の場で積極的に主張するようになった。彼らは「キリスト教徒に負けるな、追いつけ」とばかりに、多数のイスラーム団体を設立して組織化を進め、より大きな発言力を獲得しようと活発に活動を展開した。

ムスリム行政の概要

フィリピンには、宗教行政全般を管轄する、宗教省のような行政機関はない。教会やモスクなどの宗教施設や宗教団体は、証券取引所に登録すれば法人格を取得することができるが、登録せずに活動しても非合法ではない。個人や家族で運営する小規模なモスクやイスラーム学校は、証券取引所に登録していない場合が多く、政府もこれらの数を詳細には把握できていない。

独立当初から一九五〇年代頃まで、フィリピン政府にとってムスリムの問題とは、主として周辺地域の治安上の問題であった。スールー州ホロ島でのカムロン反乱をはじめとして、局地的反乱が起きていたのである。政府はこれらの反乱に対し、軍事力と、ムスリム有力者の仲介による投降交渉の両面で対応した。これらの反乱の原因はムスリムの後進性の問題とみなされ、ムスリム有力政治家を大統領特別顧問に登用したほかには、ムスリムを対象とする特別の行政機関は存在しなかった。

一九五〇年代半ばから六〇年代初めにかけて、ムスリム有力政治家で法律家のドモカオ・アロントが中心となって、ムスリムの教育機会の拡大や社会経済的発展を目的として、いくつかの議員立法を成立させた。これにもとづいて、(1)ムスリムや山地民の少

▲国立ミンダナオ大学マラウィ校正門

▶国立ミンダナオ大学マラウィ校

年少女への奨学金支給による支援をおもな事業とする国民統合委員会、(2)南部フィリピンの社会経済開発を目的とするミンダナオ開発庁、(3)ムスリムとキリスト教徒学生の融合と、高等教育の拡充を目的とした国立ミンダナオ大学の三機関が設立された。

これらの事業も一因となって、一九五〇年代後半から六〇年代にかけて、ムスリム社会の流動化がある程度進み、教育の大衆化が進展した。その結果、一九六〇年代半ばには、社会的不平等や不公正に対して敏感で、現状に対する批判精神や改革精神に富んだムスリム青年層が形成された。これらの青年が、一九六〇年代末以降、さまざまな改革運動やモロ民族独立運動のリーダーとして重要な役割を演じることになる(第4章参照)。

一九七〇年代にはいって、ムスリムの分離独立武装闘争が開始され、フィリピン・ムスリムのおかれた状況に対するムスリム諸国の関心が高まるなかで、マルコス政権は非分離主義ムスリム指導者の要求を受け入れ、ムスリムの諸権利をフィリピン国家の枠組みのなかで部分的に認める方針を採用した。その結果、司法や文化的シンボルの面で、多元主義的な政策が実施されるようになった。

司法の分野では、婚姻や相続などを律するイスラーム身分法の編纂・制定作業が

▶ベニグノ・アキノ3世大統領就任式でのエキュメニカル礼拝　左からプロテスタント，カトリック，イスラームの宗教指導者(2010年，マニラ市)。

開始され、一九七七年にイスラーム身分法が制定された。一九八〇年代にはいって、シャリーア(イスラーム法)法律家の養成がおこなわれ、現在は、最高裁判所の下級裁判所として、ムスリム・ミンダナオ自治地域に地区シャリーア裁判所、巡回シャリーア裁判所、控訴シャリーア裁判所が設立されている。

マルコス政権は、一九七三年にイスラーム金融機関としてフィリピン・アマナー銀行[9]を設立した。同銀行はムスリム地域各地に支店をもち、イスラーム法にもとづいて融資などのサービスを提供している。

国家儀礼などのシンボル面でも、ムスリムの信仰や文化に対する配慮がなされるようになった。一九六〇年代まで、大統領就任宣誓式や国会開会式には、カトリックとプロテスタントの聖職者が出席し、祈りを捧げていた。マルコス政権は、一九七〇年代にこれらにイスラーム導師(イマーム)を加え、三人の宗教指導者が順番に祈りを捧げる方式に変更した。これはエキュメニカル(宗教間協力推進主義)礼拝と呼ばれ、それ以来、主要な国家行事における礼拝は、この方式でおこなわれている。

ムスリムを対象とした政策や事業が実施されるようになると、これらを統括する政府機関が必要となり、マルコス政権は一九八一年、ムスリム担当省を設立した。[10] 八六年に政権についたコラソン・アキノ大統領は、翌年、大統領府直属機関としてムスリム担当庁

[9] 1989年にフィリピン・アル＝アマナー・イスラーム投資銀行(AAIIBP)と改称。
[10] 1984年に，山地民など，ムスリム以外のエスニック・マイノリティを対象とする行政機関，パナミンと統合し，「ムスリムおよび文化的共同体担当庁」(OMACC)に改編した。

（ＯＭＡ）を設立した。同庁は、ムスリムの福利厚生、文化・伝統・アイデンティティの維持発展を目的とし、巡礼関連業務、イスラームの行事やクルアーン朗唱大会の開催、調査研究・広報などを管轄し、南部フィリピン各地に地方事務所を設けていた。同庁は二〇一〇年にムスリム・フィリピン人担当国家委員会（ＮＣＭＦ）に拡大改組された。同委員会は、複数の民間イスラーム団体が実施しているハラール食品認定も監督している。[11]

そのほか、ムスリムに関する中央行政機関としては、ＭＩＬＦとの和平プロセスを担当する大統領府直属機関、和平プロセス大統領顧問室（ＯＰＡＰＰ）が重要である。

一九八七年憲法には、「フィリピン共和国の憲法と国家主権と領土的一体性の枠組みのなか」で、ムスリム・ミンダナオ自治地域（ＡＲＭＭ）を設立する規定がもりこまれた。これにもとづき、一九八九年、自治地域基本法が制定され、トリポリ協定[12]に定められた南部一三州九市で住民投票がおこなわれた。そのうち、自治地域への参加が多数派を占めたマギンダナオ、南ラナオ、スールー、タウィタウィの四州を対象として、翌一九九〇年、自治地域が発足した。二〇〇一年には、住民投票をへてバシラン州とマラウィ市が新たに参加し、現在、自治地域は五州一市で構成されている。

自治地域政府には長官、副長官のほか、農水産省、教育省、社会福祉発展省、保健省、公共事業・道路省など中央官庁各省と同名の省が設置されている。さらに、立法府として

[11] ハラールとはイスラーム法で許容されたものを意味する。イスラーム法で合法とされる食品をハラール食品という。フィリピンでは，フィリピン・イスラーム宣教評議会，フィリピン・ウラマー会議など，複数の民間イスラーム団体がハラール食品認定をおこない，独自の認定マークを発行している。NCMF はこれらの団体のハラール認定業務をモニターする役割を有している。

[12] 1976 年に，フィリピン政府とモロ民族解放戦線のあいだで締結された和平協定（68 頁参照）。

表4　ムスリム・ミンダナオ自治地域長官選挙結果

選挙年	当選者	所属政党
1990	ザカリア・カンダオ	ラカス-NUCD(コラソン・アキノ政権与党)
1993	リニンディン・パガンダマン	ラカス-NUCD-UMDP(ラモス政権与党)
1996	ヌル・ミスアリ*	ラカス-NUCD-UMDP(ラモス政権与党)
2001	パルーク・フシン	ラカス-NUCD-UMDP(アロヨ政権与党)
2005	ザルディ・アンパトゥアン**	ラカス-カンピ-CMD(アロヨ政権与党)

＊　2001年，アルバレス・イスナジが代行。
＊＊　2009年より，アロヨ政権与党のアンサルディン・A・アディオンが代行。さらに2011年12月より，大統領任命により，ムジブ・ハタマンが代行。

表5　フィリピンの地方別貧困層比率(1985～2009年)

地　　域	貧困層人口比率* (%)								貧困世帯比率* (%)
	1985	1988	1991	1994	1997	2000	2003	2006	2009
フィリピン全体	49.3	49.5	45.3	40.6	36.8	33.0	30.0	32.9	20.9
マニラ首都圏地域	27.2	25.2	16.7	10.5	8.5	7.8	6.9	10.4	2.6
ルソン地方(マニラ首都圏を除く)	45.3	46.8	47.1	42.0	34.8	n.d.	n.d.	n.d.	n.d.
ルソン地方(マニラ首都圏を含む)	n.d.	n.d.	n.d.	n.d.	n.d.	24.6	22.2	25.3	n.d.
ビサヤ地方	64.6	54.6	49.4	44.5	44.1	41.7	36.1	39.8	n.d.
ミンダナオ地方**	55.1	46.4	55.7	52.8	50.6	45.7	44.2	45.5	n.d.
ミンダナオ地方のうち，ムスリム・ミンダナオ自治地域			56.0	65.3	62.5	60.0	52.8	61.8	38.1

＊　2009年度に算出方法変更。1985～2006年度は旧方式にもとづく貧困層人口比率を，2009年度は新方式にもとづく貧困世帯比率を示した。
＊＊　スールー諸島を含む。
出典：National Statistical Coordination Board (NSCB) (2000), *Philippine Poverty Statistics*, p.20, Table 2; NSCB (2010), *Official Poverty Statistics of the Philippines*, Table 2 and p.46, Table 20; NSCB (2011), *Official Poverty Statistics of the Philippines.*

表6　フィリピンにおける州別人間開発指数等下位5州(2006年)

人間開発指数			平均余命 (年)			1人あたり所得 (ペソ)		
1	スールー州	0.326	1	タウィタウィ州	53.4	1	タウィタウィ州	6,664
2	タウィタウィ州	0.332	2	スールー州	55.5	2	スールー州	7,594
3	マギンダナオ州	0.430	3	バシラン州	57.6	3	バシラン州	12,206
4	バシラン州	0.434	4	南ラナオ州	58.7	4	マスバテ州	13,624
5	南ラナオ州	0.445	5	イフガオ州	61.2	5	南ラナオ州	14,281
マニラ首都圏地域		0.795	マニラ首都圏地域		71.8	マニラ首都圏地域		37,039
			フィリピン全国		70.6	フィリピン全国		24,727

＊　フィリピンの全77州とマニラ首都圏地域のなかの順位。網掛け部分はムスリム・ミンダナオ自治地域を構成する州。
出典：Human Development Network (2009), *Philippine Human Development Report 2008/2009*. pp.136-139; National Statistical Coordination Board (2010), *Official Poverty Statistics of the Philippines*, p.48, Table14.

◀**ハラール認定マーク**　右はフィリピン・イスラーム宣教評議会，左はフィリピン・ウラマー会議の認定マーク。

ムスリム・ミンダナオ地域議会[13]、司法部門では、先述のシャリーア裁判所が設けられている。このように制度面では、自治政府として形式が整っているが、財源のほとんどを中央政府に依存しており、その実態は、ムスリムの自己決定要求に一定の配慮をした地方行政機関という性格が強い。自治地域に所属する州・市では、医療、教育、公共事業なども含め、中央政府の財源による事業すべてが、自治地域政府を経由して実施されるため、非効率、腐敗などの問題が指摘されてきた。また、自治地域選挙の際、中央政府は、現職州知事・町長などに対し、政権与党が推す候補者への支持を強く働きかける。それが功を奏し、これまでの長官、副長官選挙では、すべて政府与党の推す候補者が勝利した(表4)。このように、MNLFやMILFなどが求めてきた自己決定の権利の実現としての高度の自治と、ムスリム・ミンダナオ自治地域の実態のあいだには大きな隔たりがある。

不平等の構造

一九五〇年代以降、政府はマニラや外国の企業をミンダナオ島やバシラン島に誘致して開発事業を展開したが、その収益の大部分はマニラや外国にもたらされた。ムスリム支配層のなかには、そこから利益をえた人びともいたが、一般のムスリム大衆の大半は恩恵を享受できなかった。また、土地奪取、環境破壊など、開発の弊害が生じ、それらは政治力

13 現在の議席数24。

をもたない貧困地域住民、とくにムスリムや山地部先住民の生活に打撃を与えた。スールー州やタウィタウィ州では、大規模な入植や農園開発事業はおこなわれなかったが、この海域でフィリピン中北部や外国の大型漁船が操業するようになり、地元漁民の漁獲高が減少した。こうした状況のなかで、南部フィリピンの住民は自分たちの郷土の富がよそ者に奪われていくと感じ、不満を高めていった。

今日でも、フィリピン国家のなかで自分たちが不平等にあつかわれているという意識は、南部フィリピンのムスリム住民に広く共有されている。この地域では、すでに四〇年以上も武力紛争が続いたため、多くの人びとが安全と生計を求めて故郷を離れて、マニラ首都圏をはじめとする国内各地の都市部や外国に移り住んだ。それにより、南部ムスリム地域の大半で、地域社会の伝統的秩序維持システムが崩壊状態となった。長引く紛争は経済活動の停滞を招いた。表5は、フィリピンの三地方とマニラ首都圏において貧困層が占める割合を示したものである。ミンダナオ地方の貧困層人口比率は、いずれの年も全国平均を上回っている。なかでもムスリム・ミンダナオ自治地域は、全国でもっとも貧困層の占める割合が高い地域である。表6は、フィリピン全国のなかで人間開発指数下位に位置する五州を示したものである。ムスリム自治地域を構成する五州は、この最下位グループに登場している。タウィタウィ州の場合、マニラ首都圏地域と比べて平均余命は約一八年短く、一人あたりの所得は五分の一以下である。

しかも、近年、地域格差は拡大傾向にある。全国の貧困層人口比率が一九八五年から二〇〇六年のあいだに約二分の一から約三分の一に減少しているのに対し、ミンダナオ地方では一〇％しか減少していない。とりわけムスリム・ミンダナオ自治地域では、一九九一年から二〇〇六年のあいだに貧困層人口比率が約六％増加し、全国の約二倍、マニラ首都圏の約六倍となっている（表5）。

政治面でも地域格差が存在する。二〇一〇年五月の総選挙に関連する不正や暴力事件は、南部ムスリム地域においてとくに顕著であった。前年十一月、マギンダナオ州で、州知事選挙に出馬予定の地元政治家の妻と支持者やジャーナリストの一行五八人が、立候補届提出のために車列を組んで州都に向かう途中、一〇〇人以上の武装集団に襲われ、全員が銃殺され埋められた。フィリピンでは独立以来、選挙がらみの暴力が多発してきたが、これはそのなかでも最大規模の事件であった。関係者の話から、地元有力政治家で現職州知事アンダル・アンパトゥアン一世が一族と協議し、配下の警察官や民兵（ＣＡＦＧＵ）によって、政敵を排除するために殺害したという疑惑が濃厚になり、アンパトゥアン一世と家族を含む容疑者が逮捕され、裁判がおこなわれている。

また、選挙当日にも、南ラナオ州をはじめとし、南部ムスリム地域で選挙がらみの暴力

▶南ラナオ州マラウィ市に選挙監視団体が掲げた標語　「歓迎2010年選挙，ハラーム（イスラーム法で禁止される行為）からハラール（合法的な行為）へのヒジュラ（ムハンマドの聖遷，およびそれを手本とする移住）」。すなわち「禁止行為から合法行為への聖なる移行」を呼びかけている。しかし実際には，南ラナオ州の数カ所の町で暴力などのために選挙が無効となった。

事件が多発した。同州で選挙監視をおこなった人民国際監視使節団（ＰＩＯＭ）は、投票所での暴力や選挙不正を指摘し、選挙の実態は自由・公正な選挙とはほど遠く、同州の大半において民主政治は失敗していると報告した。

しかし、政府は、選挙は平和裡におこなわれたと宣言し、全国メディアの報道も、「一部の地方で暴力事件が発生したが、全体としては成功」という論調が主流であった。南部フィリピン・ムスリム地域では、一九五〇年代以来、選挙がらみの暴力や選挙不正が横行したことが知られているので、マジョリティ社会は、総じてこうした事件をミンダナオのムスリム社会の特殊性、後進性に起因する状況とみなし、フィリピンの民主政治全体の問題とは考えない。たしかに、これらの暴力事件の直接の原因は、現地社会における有力政治家家族間の対立にあるが、その背景には、武力紛争にともなう軍事化、民兵の日常的存在といった問題が横たわっている。

フィリピンは一九八六年の「ピープル・パワー革命」をへて、制度上は民主化を達成したとみなされているが、南部ムスリム地域には、住民が政治参加の権利を行使できない地域が存在する。マニラでは都市部中間層向けのグローバル・スタンダードにもとづいた民主政治に関する語りや情報が生産され、マスメディアをつうじて全国に発信されるが、南部ムスリム住民が直面する現実とのあいだには、大きなギャップが存在する。そうしたなかで南部ムスリム地域のムスリム住民の多くが、このギャップを強く認識し、自分たちは切り捨てられていると感じている。

このように、フィリピン国家形成の過程で、宗教・エスニシティ・地域の区分にほぼ一致する軸にそって不平等の構造が形成され、固定化されてきた。近年の人の移動や情報技術の発達は、首都圏のマジョリティ社会と南部ムスリム社会との違いを際立たせ、ムスリム住民の不平等感をいっそう強めている。

第3章　イスラーム運動の展開——十八世紀から一九六〇年代まで

フィリピンのイスラーム知識人

フィリピン・ムスリムは、非ムスリムが多数派を占める国民国家の周辺部に編入され、不平等な状態におかれてきた。また、フィリピンの政治や社会の仕組みは、キリスト教徒との生活習慣や価値観を標準として形成されているので、そのような状況のなかで、いかにしてイスラームを社会的に実践し、ムスリムのアイデンティティを維持していくか、という問題をかかえていた。さらに、先祖伝来の土地と資源をいかにして維持し、つぎの世代に引き継いでいくか、という問題にも直面していた。このような状況のなかで、フィリピンのイスラーム知識人は、どのように自分たちの現状を認識し、どのような将来のヴィジョンをもっていたのだろうか。

ミンダナオ島やスールー諸島は、ボルネオ島、ジャワ島、スマトラ島、マレー

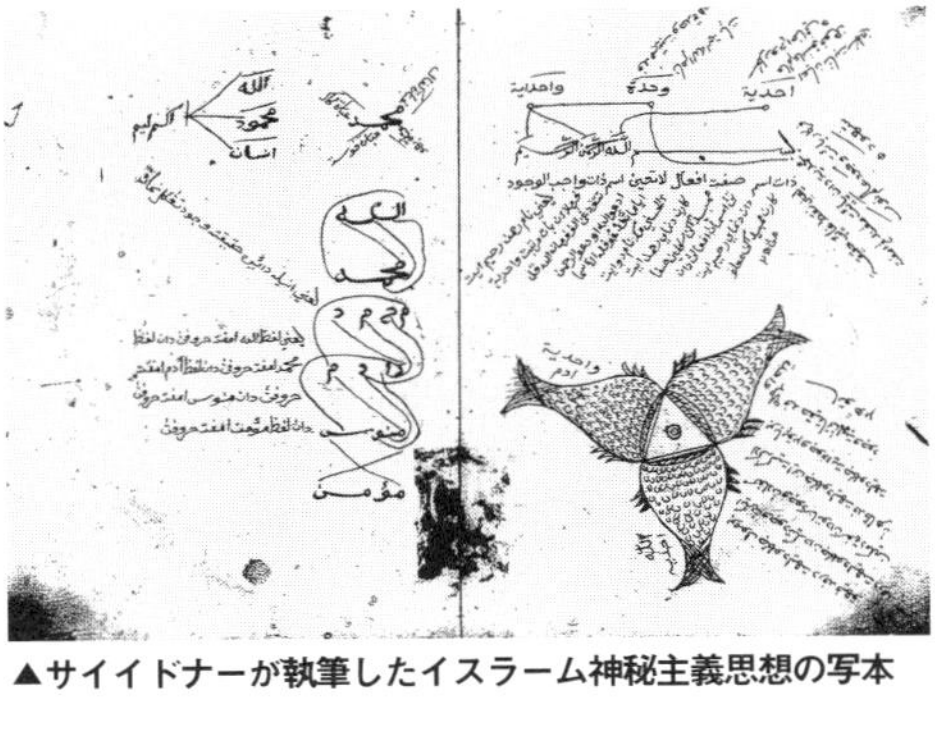

▲サイイドナーが執筆したイスラーム神秘主義思想の写本

▲マニラ市のリサール公園にあるクダラト王の像

半島など、マレー世界各地と交流してきた歴史をもつ。スペイン人植民地行政官やカトリック司祭は、ジョホール、ブルネイ、テルナテなどからやってきたアラブ人やマレー人が、スールー諸島やミンダナオ島でイスラームの布教や教育をおこなっていたことを記録している。十七世紀にマギンダナオ王国の繁栄を導いた名君として知られるクダラト王（在位一六一六〜七一）は、イスラームの知識も豊富で、イエズス会のスペイン人司祭と宗教論争をおこなったことが知られている。[1]

十八世紀スールー王国のスルタン、アズィムッディン一世（在位一七三五〜四八、一七六四〜六八）は、若き日にジャワのイスラーム塾で学び、マレー語とアラビア語が堪能であったと伝えられている。十八世紀末から十九世紀初め頃にマッカ（メッカ）に長期間滞在してイスラームを学んだミンダナオ島ラナオ地方出身のウラマー、[2]サイイドナーは、旅の途中でジョホールやパレンバンに滞在し、マレー語でイスラーム神秘主義思想の書物を執筆したり、クルアーン（コーラン）を筆写した。十八世紀後半、ミンダナオ島出身のウラマー、アブドゥルマジード・アル＝ミンダナーウィがアチェで執筆を終えたマレー語イスラーム書も確認されている。十九世紀から二十世紀初頭にマギンダナオ地方で広く用いられていた「ルワラン」という法典は、マギンダナオ語で書かれているが、その典拠にはマレー語のイスラーム法学書[3]が含まれている。

1　交易によってスルタン制の基盤をかためるとともに，たくみな外交によりスペインとの戦争を有利に進め，最盛期にはミンダナオ島のほぼ全域を勢力下においた。フィリピンでもっとも偉大なムスリムの英雄として，小・中学校の教科書にも登場する。
2　イスラーム諸学をおさめた知識人を意味するアラビア語アーリムの複数形。イスラーム知識人とほぼ同義であるが，フィリピンにおいては，英語文献によってイスラームの知識を身につけた西洋型ムスリム知識人や，イスラーム諸学の専門的教育を受けていない民衆的イスラーム知識人も，時代や社会状況によっては，イスラームに関する知識の権威者として社会的に認められ，イスラーム運動において重要な役割をはたしてきた。本書では，これらの人びとを含めた広い意味で「イスラーム知識人」という語を用いる。「ウラマー」は，その一部の，イスラーム書古典をおさめた人に対して用いる。

このように、十八〜十九世紀のミンダナオ島やスールー諸島のイスラーム知識人は、マレー語とアラビア語のイスラーム書をつうじて、マレー世界各地のムスリムとイスラームの知識を共有しており、ジャワ島やマラッカ海峡沿岸部都市に旅して、その地のムスリムと交流する者もいた。

十九世紀後半にはいると、マギンダナオ王国やスールー王国の支配層は、スペインによる保護国化を受け入れ、徐々にその支配下にはいっていった。[4] それにともない、スルタンや他の王族の権力も衰退していった。フィリピン・ムスリムの歴史学者、セザール・マフールによると、十九世紀末のホロ島では、ウラマーが、もはやスルタンはイスラーム共同体を防衛する機能を失ったとして、個人の義務としてスペイン人侵略者に対するジハード[5]の遂行を呼びかけた。ウラマーの指導のもと、一定の儀式をへて、個人や少人数でスペイン軍駐屯地を襲撃し、スペイン人を殺害する者もいた。

ミンダナオ島やスールー諸島のムスリムは、これらの闘いを「プランサビルッラー」、またはその短縮形「プランサビル」と呼んだ。「プラン」は「戦い」を意味するマレー語、「サビルッラー」は「神の道に則って」[6]という意味のアラビア語を語源としており、全体で「神の道のための戦い」を意味する。このマレー語とアラビア語の合成語は、タウスグ語、マギンダナオ語、マラナオ語などの語彙にも取り入れられている。一方、スペイン人は、

3　アチェ出身で17世紀後半に活躍したウラマー，アブドゥル・ラウフ・アリー・ファンスーリの著作など。
4　スペイン人は1861年に，すでに弱体化していたマギンダナオ王国の都コタバトを平和裡に占領，1876年にはスールー王国の都ホロを占領し，1878年に同国を保護国化した。
5　ジハードとは定まった目的を達成するための奮闘努力を意味するアラビア語。イスラームにおいては，敵の侵略に対するムスリム共同体防衛の闘いを意味する（第3章参照）。
6　フィー・サビール・アッラー。

これを「フラメンタード」(スペイン語で「誓った人」の意味)と呼び、ムスリムの狂信性を示すものとして忌み嫌い、恐れた。

植民地統治初期にも、ミンダナオ島やスールー諸島で、アメリカ軍の進駐や、徴税、奴隷制廃止などの植民地政策に対する反発から、南部ムスリム地域各地で武装反乱があいついで起きた。[7] 個人単位でのアメリカ軍駐屯地への襲撃も、散発的におこなわれた。アメリカ人は、これらの反乱や襲撃の背後には、誤った教えを説くウラマーがいて反乱や襲撃を奨励しているとみなし、ウラマーを危険視し警戒した。

武装反乱がアメリカ植民地政府の圧倒的な軍事力によってほぼ鎮圧されてしまうと、ウラマーのなかには、アメリカ植民地統治を受け入れ、その保護のもとでイスラームを維持していこうと考える者もでてきた。彼らは、イスラームの尊重、ムスリムの信仰・慣習を禁止しないことを条件として、アメリカ植民地統治に協力した。やがてフィリピン独立供与が具体的に論じられるようになると、これらのウラマーのなかには、南部フィリピンをフィリピン独立から除外し、アメリカの主権下にとどめることを求めて、ムスリム村落首長とともに、アメリカ人フィリピン総督やアメリカ大統領に請願書を送った者もいる。[8]

他方、アメリカ植民地政府によってもたらされた世俗的な公教育や、キリスト教の宣教活動に対抗してイスラームを維持発展させるために、イスラーム教育の刷新に取り組むウ

7 ラナオ地方でのバヤンの戦い(1902年), マギンダナオ地方でのアリーの反乱(1903～04年), ホロ島でのダホ山の戦い(1906年), バグサク山の戦い(1913年)など。
8 その背後には, 南部フィリピンに利権をもつアメリカ人実業家の支援もあった。

ラマーもあらわれた。

二十世紀前半のイスラーム改革運動

二十世紀前半の南部フィリピンでは、教師(グロ)が自宅でクルアーンの朗唱やイスラームとアラビア語に関する初歩的な知識を口伝で教えることが一般的であった。このような伝統的イスラーム教育機関をここではクルアーン塾と呼ぶ。[9] これらのクルアーン塾の教師は、自分が教師から受けた説明や、近隣のマレー語圏からもたらされたマレー語イスラーム書をつうじて、クルアーンやハディース(預言者ムハンマドの言行録)の章句の意味についての知識をえており、それにもとづいて生徒や一般の住民にイスラームについての知識を授けていた。彼らはアラビア文字の識字能力を有していたが、概してアラビア語文法の知識は乏しかった。そのため、自分でアラビア語のイスラーム文献を渉猟し解釈できる者はごくわずかであった。

アメリカ植民地支配下のムスリム社会では、農業生産や商業活動が活発化し、ムスリム新興富裕層が形成され、さらに、アメリカ人行政官がムスリム住民の懐柔目的でマッカ巡礼を支援したことも一因となり、巡礼者の数が増加した。このようなハッジ[10]のなかからフィリピンにおけるイスラーム実践やイスラーム教育を改革しようとする動きが起こった。

9 同時期のマレー半島やジャワ島，スマトラ島などでは，数十人から100人以上におよぶ塾生を擁するイスラーム寄宿塾(ポンドック，プサントレン)があったが，南部フィリピンではこのような大規模な寄宿塾は発達しなかった。
10 マッカ巡礼をすませた人は，男性はハッジ，女性はハッジャという尊称をもつ。

一九三八年、ミンダナオ島ラナオ地方では、数人のハッジが、地域社会の指導者とともに、この地方ではじめての近代的イスラーム学校として、カーミロル・イスラーム学院を設立した。彼らは、巡礼の旅の途中、シンガポールでマレー人のイスラーム宣教者の一団と出会い、近代的イスラーム学校の話を聞き、それに触発されて同学院を設立したのであった。カーミロル・イスラーム学院設立の目的は、初期のイスラームの純粋さを取り戻し、ラナオ地方のムスリムを啓発することであった。これまでのクルアーン塾と異なり、同学院には、教室があって、黒板を用いてアラビア語の文法や読み書きが教えられた。これは、ミンダナオ島における近代的なイスラーム教育の幕開けを告げる重要なできごとであった。

カーミロル・イスラーム学院は、当初、地元の守旧的なイスラーム指導者や一般の人びとから、新奇なもの、イスラームではないものとして非難をあびたが、若者の支持をえて徐々に生徒数を増やし、地域社会に根づいていった。

マッカ留学の先駆者たち

第二次世界大戦中の日本占領期には、マッカ巡礼はとだえ、カーミロル・イスラーム学院は閉鎖されて、イスラーム教育改革運動は中断した。第二次世界大戦後、

▶カーミロル・イスラーム学院が発行したイスラーム学教科書（1954年）　校名のカーミロル・イスラームは，アラビア語で「イスラームの完全さ」を意味し，ロゴの天秤は公正をあらわす。

マッカ巡礼が再開され、巡礼者のなかには、巡礼終了後もマッカにとどまり、マッカのイスラーム学校に通ってイスラーム学をおさめる人びとがいた。その一人が、ラナオ地方のウラマー、アフマド・バシールである。バシールは一九四八年に家族とともにマッカ巡礼に行き、その後も家族とともにマッカに滞在し、同地のサウラティーヤ学院でイスラームを学び、五五年に同高等科を修了した。バシールは帰国後、他のイスラーム指導者とともにイスラーム復興協会というイスラーム団体を組織し、五七年、それを母体としてアラビア語を授業言語とする近代的イスラーム学校、シューラ評議会学校(現ムスリム・ミンダナオ学院)を設立した。

一九五八年には、マッカで、同地に留学中のフィリピン・ムスリム学生九人とイスラーム諸国歴訪中のアフマド・バシールが一堂に会し、南部フィリピンにおけるイスラーム教育を発展させるための具体策を話し合った。出席者はイスラーム団体設立、関連法令の整備、ワクフ管理体制の確立、イスラーム教育カリキュラム作成などを実施することで合意した。これらのマッカ留学先駆者たちは、その後あいついで帰国し、南部フィリピンでイスラーム学校やイスラーム団体を設立し、その後のフィリピンにおける

▲アフマド・バシール

▲マッカにおけるフィリピン・ムスリム留学生(1950年代初頭)　後列左端がアフマド・バシール。中列左から2番目はムニール・カリ・サ・バヤン(57頁写真参照)。前列左端から4人目までは，アフマド・バシールの息子たち。

イスラーム復興運動の牽引役として活躍した。コタバト市周辺ではじめての近代的イスラーム学校であるイスラーム覚醒学院(現ナフダ中央学院)を設立したサーリフ・ムハンマド・バドゥルッディーンもその一人である。

アフマド・バシールは、ムスリム国会議員のドモカオ・アロント(二九頁参照)らとともに中東諸国の政府やイスラーム団体に対し、フィリピンのイスラーム教育に対する支援を求めて働きかけ、アズハル大学出身のエジプト人のイスラーム学やアラビア語教師の派遣をえて、中東の近代的マドラサのカリキュラムをモデルとした教育をおこなった。また、シューラ評議会学校の教師や生徒をエジプトやサウジアラビアなどに留学させ、ラナオ地方におけるイスラーム教育の水準向上に努めた。一九八七年には、英語部門を併設し、フィリピンの公教育科目とイスラーム科目を統合した教育省認定カリキュラムを実施している(第5章参照)。今日、ムスリム・ミンダナオ学院は、幼稚園から大学院課程まで備えた名門イスラーム学校の一つとして多くの生徒を擁している。

バシールはフィリピン・ムスリムを代表してイスラーム関連の国際会議に出席し、国外のイスラーム団体やイスラーム指導者とのネットワークを築いた。また、イスラーム雑誌の発行、地元ラジオ局開設への参加とイスラーム番組の放送、イスラーム書印刷所設立、クルアーンのマラナオ語注釈書編纂、イスラーム学教科書執筆など、さまざまなイスラー

▲ムスリム・ミンダナオ学院

ム関連事業に精力的に取り組み、その後のイスラーム復興運動に大きな影響を与えた。

このようにマッカ留学の先駆者たちは、南部フィリピンにおけるイスラーム近代教育とイスラーム復興運動の基盤をかため、フィリピンと中東を結ぶイスラーム知識人のネットワークを築いた。この国際的なイスラーム・ネットワークにおいては、マッカと並んでカイロが重要な結節点であった。

カイロ留学の先駆者たち

一九四八年、ムスリム下院議員のマナロ・ミンダナオは、マッカ巡礼のあと、カイロを訪問してアズハル学院総長と会見し、フィリピン・ムスリムの教育と啓蒙に関するアズハル学院の支援を要請した。これに対し、アズハル学院は、フィリピンへの教師派遣と、フィリピン・ムスリム学生への奨学金支給を約束した。この合意にもとづいて、一九五〇年代初め、アズハル大学を卒業した二人のインドネシア人ウラマーがフィリピンに派遣され、南ラナオ州のカーミロル・イスラーム学院や、スールー州のスールー・イスラーム学校などで教鞭をとった。また、一九五一年、マッカのイスラーム学校で学んでいた二人のムスリム青年(アブドゥッラー・スライ

▲アブドゥッラー・スライマン

マンと、アフマド・バシールの甥のアヌワル・バシール）が、フィリピン人としてはじめてアズハル学院に入学した。その後、一九五〇年代半ばにフィリピンとエジプトのあいだに文化協力協定が結ばれ、以後、毎年一〇～二〇人程度のフィリピン・ムスリム青年が、アズハル学院やエジプト政府の奨学金を受け、同学院をはじめとするカイロの教育機関に留学するようになった。それ以外にも、留学のために私費でカイロにやってくる若者も多く、一九六〇年代半ばには、常時、二〇〇人以上のフィリピン人学生がカイロで学んでいたという。彼らは在カイロ・フィリピン人学生協会を組織し、相互扶助や親睦活動をおこなった。当時のナセル政権下のエジプトでは、反帝国主義、アラブ民族主義が高揚しており、フィリピン・ムスリム青年たちは、そのなかでイスラーム思想、イスラーム運動のみならず、反帝国主義、ナショナリズム、社会主義など、近代のさまざまな思想と運動に出会い、故郷のフィリピン・ムスリム社会がかかえる諸問題について考え、議論を交わした。

一九六六年、カイロで学ぶラナオ地方出身のムスリム学生が、アラビア語論文集『新しい黎明』を発行した。四五人の寄稿者の八割をアズハル学院学生が占めていた。この論文集には、フィリピンにおけるイスラーム実践やムスリムのあり方を後進的なものとして批判的にとらえ、それらをイスラームにもとづいて改革する必要性を論じたものが多い。彼らは自分たちの後進性と、ムスリムに対する社会的・経済的・政治的不平等の問題を解決するためには改革が必要だという認識を共有し、この改革のリーダーを自認していた。論文集の序文は、十九世紀末から二十世紀初頭のエジプトにおける反英独立運動指導者、ムスタファー・カーミルの以下の言葉で結ばれている。「ゆえにわれわれが生きているあいだにえた活動の成果をこの手で摘み取ることがなくとも、われわれは少なくとも後進のための最初の布石となろう」。

複数の論文に、「フィリピンのムスリムは、列強の植民地主義と、それと結託したキリスト教宣教活動に対して勇敢に戦った」という歴史叙述がみられる。そして、これらの勢力による攻撃は現在も続いており、フィリピン・ムスリムは団結して闘う必要があると論じている。他の論文は、フィリピン・ムスリム社会の問題点として、無知、後進性、内部対立を指摘し、これらをイスラーム以前の無知(ジャーヒリーヤ)の状態であるとし、イスラームの教えにもとづいて既存の社会秩序を改革する必要があると主張している。

執筆者の一人、マヒド・ムティランは、「ウラマーの責任」と題するエッセーにおいて、フィリピンでは、物質主義とキリスト教宣教活動により、イスラームが脅かされているとして、フィリピン・ムスリム社会の現状を憂慮し、イスラームの護り手であるウラマーは、自らイスラームの精神と規則を実践して手本を示すべきであると説いている。ムティランは、のちにイスラーム改革主義政党の総裁として政治活動に参加し、南ラナオ州知事や、ムスリム・ミンダナオ自治地域の副長官兼教育省長官に就任し、マドラサ教育改革に取り組んだ著名なウラマーである(第5章参照)。行政官としてのムティランの活動は、カイロ留学時代のこのエッセーに示された抱負を実現するプロセスとみることができる。

執筆者は全員、マラナオ語を母語とするマラナオ人であるが、それにもかかわらず、集合的自称としては「マラナオ」という呼称はいっさい用いられず、かわりに、「フィリピン・ムスリム」または「フィリピン・ムスリム人民(シャアブ)」という名称が使用されている。おそらく彼らは、フィリピン・ムスリムのなかの地域やエスニシティによる亀裂をこえて、フィリピンというワタン(郷土)を共有するムスリムの共同体として団結すべきだという意志を共有し、フィリピンの国土に生きるムスリムとして、自分たちの過去と現在を論じ、将来のあり方を構想していたのであろう。

論文集の表紙には、フィリピン国旗を示す赤・青・白の三色が用いられ、昇る朝日のかたわらに、新月と星とミナレット[11]が描かれている。ここから、イスラームを光源として、フィリピンに新しい時代の夜明けをもたらすというメッセージを読み取ることができる。裏表紙にはフィリピン全土の地図が描かれている。彼らは、ルソン島やビサヤ諸島も、スペイン人による征服以前には、イスラームの影響下にあったという歴史観をもっていたので、イスラームの観点からフィリピン全土を自分たちのワタンととらえることも理にかな

11 礼拝を呼びかけるために用いられるモスクの塔。

っている。また、現在、住民の大多数がキリスト教徒であるルソン島やビサヤ諸島は、彼らにとってイスラーム宣教のフロンティアを意味した。そして、フィリピン国家は、イスラーム宣教活動の自由を保障する政治制度上の枠組みとして、イスラーム運動にとっても存在意義をもっていた。

この論文集のなかには、フィリピンにおける政党政治や選挙の実態を厳しく批判し、その解決策として、イスラームにもとづく政治改革を主張するものもある。著者のウロムディン・サイイドは、フィリピンの選挙における脅迫、選挙結果の改竄《かいざん》などのさまざまな不正を指摘した後、つぎのように述べる。

こうしたことはすべての国民の政治的・社会的・経済的権利における平等を意図する民主主義に反する。民主主義が私利私欲の徒のものであって、国家の要職は金持ちの思うままであるとでも主張しない限り。あるいは金持ちがすべてを決定し、その欲望に従って国家が動くようにするために、〔民主主義が〕財産による支配、ないしは金満民主主義であると解釈し直さない限り。かつて国家におけるすべての個人に保障された民主主義は、一部の政治屋がもたらしたこの状況のもとで、偽りの民主主義と化している。

著者はこれに続けて、真の民主主義はイスラームのみに存在するので、政治

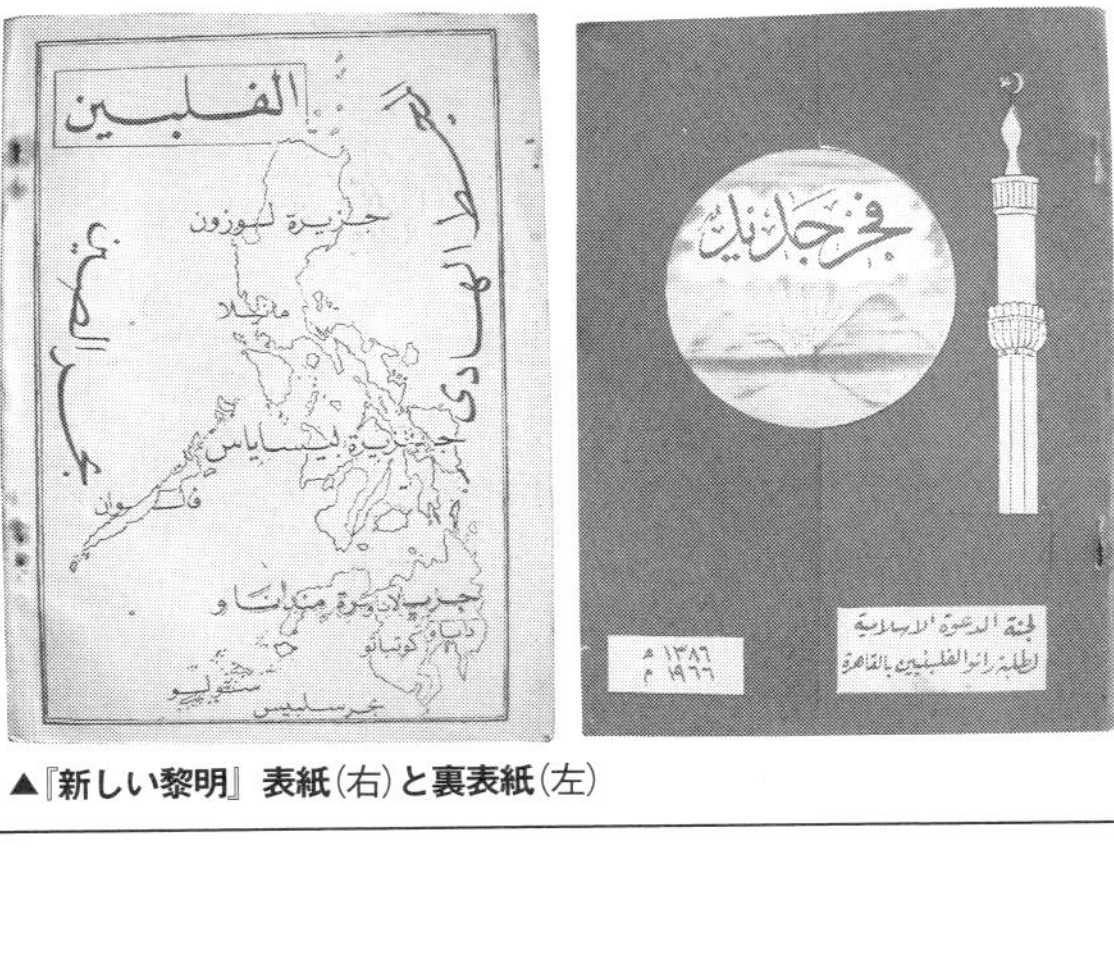

▲『新しい黎明』表紙(右)と裏表紙(左)

指導者はイスラーム法にもとづき合法的な手段で選出されるべきと主張している。

また、ムスリム同胞団の創設者ハサン・アル＝バンナーや、当時非合法であったムスリム同胞団の急進的指導者で一九六六年に処刑されたサイイド・クトゥブ[12]の思想から影響を受けた留学生もいた。第4章で述べるように、モロ・イスラーム解放戦線創始者のハシム・サラマトもその一人であった。

このように、一九六〇年代カイロのフィリピン・ムスリム学生は、反帝国主義、中道派イスラーム改革主義から、より急進的な政治的イスラーム主義など、政治社会改革とその手段をめぐって、さまざまな思想やアイディアを吸収した。彼らは自分たちを、外部の植民地主義者の侵略と、ムスリム社会内部の後進性という二つの面で闘う改革者と自認し、フィリピン・ムスリムの同胞を呼びさまし、新しい時代を切り開こうという抱負を共有していた。

民謡のなかの防衛ジハード

ムスリムは敵の侵略に対して、イスラーム世界を防衛するためにジハードをおこなう連帯義務を負っている。クルアーンには、「己の財産と生命をなげうって奮闘した者には、神の目からは最高の地位にある」(九章二〇節)と書かれており、この戦いで死んだ者は殉

[12] 当時獄中にあり，1966年に処刑された。

教者とされ、楽園が約束されている。すでにみたように、この防衛ジハードは、南部フィリピンのムスリム地域では、プランサビルという観念で人びとに理解されてきた（四一頁参照）。この、現地社会に根差した防衛ジハード（プランサビル）の観念と運動は、フィリピンのイスラーム運動のなかにどのように位置づけられるのだろうか。プランサビルと一口にいっても、その形態は多様であり、また、この行為は植民地政府の取締まりの対象であったため、関係者が書きのこした記録はほとんどなく、その実態の詳細は明らかにされていない。そうしたなかで、植民地政府に反抗した人物を題材とした民謡、説話、物語などの伝承文芸は、この点に手掛かりを与えてくれる資料として重要である。ここでは、一九三〇年代にラナオ地方やマギンダナオ地方で流行した、ある民謡を取り上げ、そのなかでプランサビルがどのように描かれているかみてみよう。

マラナオ語・マギンダナオ語圏の伝承文芸の一つに、ダラグンと呼ばれる民衆歌謡がある。ダラグンは、かつては行事や祝い事に欠かせない演芸であり、日常の娯楽としても謳《うた》われ、民衆に広く親しまれてきた。神々や英雄の冒険に題材をとった古典物ダラグンが有名であるが、歌い手が同時代のできごとを題材として創作する当世風ダラグンもある。ここで取り上げるダラグンは、一九三〇年代前半、ラナオ州各地でアメリカ人教師やキリスト教徒入植者を襲撃し、警察軍の攻撃をたくみにかわして数年間活動を続けたディマカリ

◀古典物ダラグンを吟唱するマラナオ民謡歌手

ンという人物を題材とした当世風ダラグンである。アメリカ植民地政府はディマカリンを「無法者」とみなして討伐を試みたが、ムスリム住民の一部はディマカリンを英雄視していた。

このダラグンは、当時、人気の高い民謡歌手が創作したもので、ディマカリンの死後まもなく、アメリカ人のプロテスタント宣教師が発行する地方新聞『ラナオ・プログレス』の文芸欄に連載された。このダラグンでは、ディマカリンの警察軍との戦いの数々が謳われ、それらはムスリムを守る正義の戦いとして描かれている。それに加えて、よその土地からきた兵士とムスリム住民とのあいだで起きた数々の戦いが描写されている。アマイ・パクパクとスペイン軍とのマラウィ砦《とりで》の戦い[13]や、バヤン町一帯の首長・住民とアメリカ軍との戦い（バヤンの戦い〈五六頁参照〉）をはじめとして、十九世紀末から一九三〇年代までにラナオ地方やマギンダナオ地方で実際に起きた数々の戦いが謳われ、ディマカリンの警察軍への反抗は、これらの戦いの継続として位置づけられている。

ダラグンは、ディマカリンの死の場面で終わる。妻の家を訪ねていたディマカリンは、突然、兵士に包囲され射殺された。すると、自然現象に異変が

▶『ラナオ・プログレス』(1933年11月)　左の人物は，ディマカリンのダラグンの作者で民謡歌手のダトゥ・パゴンピグ。

起こる。晴れているのに雨が降り、雷が轟《とどろ》く。そのなかを、天女たちを乗せた雲が降りてきて、ディマカリンを天国にむかえいれようとするのだった。

このように、ディマカリンの行為は郷土防衛の戦いとして正当化され、ムスリムの義務である郷土防衛の戦いで死んだディマカリンは、神の報いにより楽園にむかえいれられる。

作者はダラグンの冒頭で、この歌をつくった理由は、「新世代の若者が範とすべき、かつての統治者たちの行動」を伝えるためだと説明している。すなわち、マラナオ語やマギンダナオ語話者を対象として、防衛ジハードの伝統を次世代に伝えることを目的としていたのである。

これと同様に、ペルシア起源のマレー語古典文学『ムハンマド・ハナフィーヤ物語』のマラナオ語版も、二十世紀半ば頃までマラナオの人びとによって、ミンダナオ島ラナオ地方で語り継がれてきた。その前半は、預言者ムハンマドの孫、フサインがウマイヤ朝圧政者に欺かれ、現在のイラク南方に位置するカルバラの地で、圧政者の軍と戦って殉教する物語である。後半は、フサインの異母兄弟ムハンマド・ハナフィーヤが圧政者に正義の戦いをいどみ、武勇の才と神の御加護により超人的能力を発揮し、最後に勝利をおさめる物語である。さまざまな場面が情緒的に語られ、聞き手の心を揺り動かす[14]。

この物語は、防衛ジハードの重要性と作法をムスリムに伝えるという役割もはたしてき

[13] 1891年と95年にラナオ地方の占領を目的として，ラナオ湖北岸の要衝マラウィ砦を攻撃したスペイン軍と，地元のムスリム支配者アマイ・パクパクが率いる住民とのあいだの戦い。この戦いで戦死したアマイ・パクパクは，フィリピン・ムスリムの英雄の一人として広く知られている。

[14]『スジャラ・ムラユ(マレー年代期)』によると，ポルトガル艦隊によるムラカ(マラッカ)王国攻撃(1511年)の前夜，ムラカ王の家臣たちは戦いに備えて『ムハンマド・ハナフィーヤ物語』を読んで夜をすごしたという。マレー語圏の人びとにとって，この物語は心を奮い立たせる力をもつ，特別な物語であったようである。

た。カルバラの殉教物語は、ラナオ地方のムスリムにとって、遠い世界の故事ではない。バヤン町には、パダン・カルバラ[15]と呼ばれる古戦場がある。一九〇二年、アメリカ軍の進駐を拒み、砦に立てこもったバヤンの首長と住民は、アメリカ軍部隊の攻撃を受けた。白兵戦のすえ、この戦いで三〇〇〜四〇〇人の住民が死亡した。このバヤンの戦いは、フセイン一行のカルバラでの殉教にたとえられ、砦の跡地はパダン・カルバラと呼ばれている。

一九六〇年代末、ミンダナオ島中部でキリスト教徒有力者の私兵によるムスリム住民の殺害事件が頻発し、ムスリム青年が自衛のための組織的武装闘争の準備を進めていた時期に、地元の若手イスラーム教師のグループは、『ムハンマド・ハナフィーヤ物語』のマラナオ語版を謄写版印刷して販売し、防衛ジハード運動へのムスリム住民の動員を試みた。このように、防衛ジハード運動は、地元のイスラーム指導者や民衆的知識人、歌手、語り部など、民衆のあいだで生活する人たちによって、現地語伝承文芸や印刷物をつうじて広められ、その生命力を脈々と保ち続けてきた。

15「カルバラの野」を意味するマレー語。

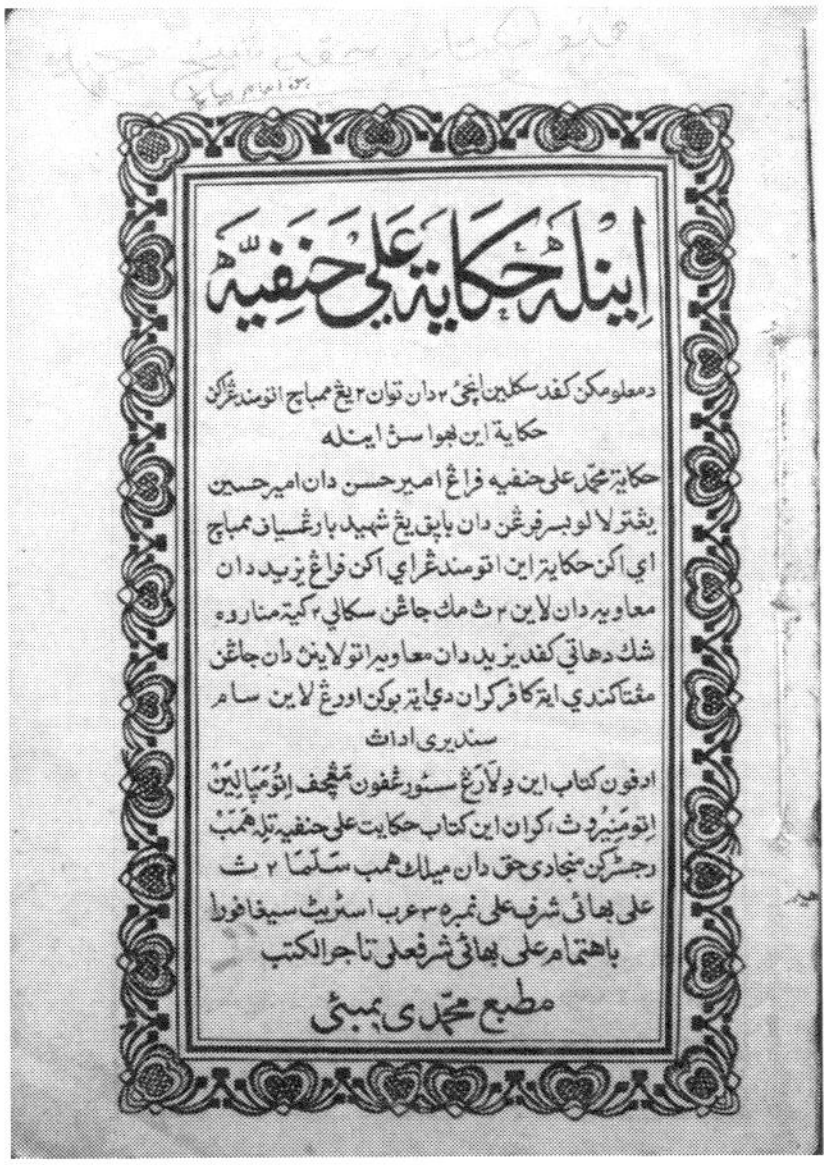

◀**バヤン町出身のイスラーム指導者の家に所蔵されているマレー語書籍『アリー・ハナフィーヤ物語』**（ムハンマド・ハナフィーヤは，アリー・ハナフィーヤと呼ばれることもある）

▲**『ムハンマド・ハナフィーヤ物語』のマラナオ語版謄写版冊子，『バラプラガン，ムハンマド・アリー・ハナフィーヤ物語』**

▲**バヤン町のモスクの前に佇む長老たち**
左端はバヤンのカリ（カーディー：判事）であるムニール・カリ・サ・バヤン。

▲**パダン・カルバラ付近に建つ「バヤンの戦い」記念碑**

第4章　モロ民族独立運動

新世代ムスリム・リーダーの台頭

　フィリピン共和国独立後、南部ムスリム地域の国会議員や地方政府の要職についたのは、全国的二大政党制のもとで中央の政治エリートと友好的な関係を結んだムスリム有力者であった。彼らの多くは伝統的支配層の出身であり、国家資源へのアクセスをえて、政治権力と富を拡大した。彼らは中央の有力政治家と友好的な関係にあり、彼らと妥協を繰り返したため、土地問題、中央との政治・経済・社会的格差、福利の向上など、地元住民の日常生活にかかわる重要な問題は未解決のまま放置されてきた。

　一九六〇年代末から七〇年代初めにかけて、このような既成ムスリム政治家の腐敗や無能ぶりを批判し、より急進的な運動をつうじて、フィリピン・ムスリム社会がおかれてきた状況を変革しようとする新世代の青年ムスリム・リーダーが台頭した。

　その中心勢力の一つは、マニラのムスリム学生活動家たちであった。そのなかには、国民統合委員会の奨学金を受けてマニラの大学に進学した者も多かった(二九〜三〇頁参照)。これらの学生活動家には、マラナオ、マギンダナオ、タウスグ、サマなどさまざまなエスニック集団出身者が含まれており、伝統的支配者の家系出身者のみならず、一般庶民の家庭に生まれた者も含まれていた。のちにモロ民族解放戦線(MNLF)の指導者となるヌル・ミスアリ(六〇、六五頁参照)もその一人であった。

彼らは、一九六〇年代後半、世界各地で沸き起こった学生の抗議運動の影響を受けるとともに、国内外の衝撃的なできごと(一九六七年の第三次中東戦争、インドネシア共産党勢力の弾圧とスカルノ大統領失脚、ベトナム戦争の激化と在比米軍基地の使用など)に衝撃を受け、「反帝国主義、反封建主義、反ファシズム」を掲げ、労働者、都市貧困層などとともに反米帝国主義、反マルコスのデモや抗議集会を展開した。

当初、ムスリム学生活動家たちは、多数派の非ムスリム学生活動家とともに、マルコス政権の政策や、経済的搾取に対する抗議活動をおこなっていた。しかし、やがてムスリムと非ムスリムの学生活動家のあいだに溝が生じるようになった。それは、ムスリム学生活動家が、反帝国主義の立場から南部フィリピンのムスリムがおかれている状況を分析する過程で、彼らが二重の抑圧状況におかれていると認識するようになったからである。彼らは、自分たちが国家のなかで階級として抑圧されていると同時に、宗教を目印として敵視され、差別され、抑圧されてきたと考えるようになる。当時、マニラの学生や知識人によって進められていた、アメリカ文化にかわる民族文化や大衆文化の興隆をめざす文化革命運動(第二次プロパガンダ運動)[1]も、ムスリム学生活動家に、自分たちの民族文化とは何か、という問いを突きつけた。

一九六八年三月、フィリピン・ムスリム社会に大きな衝撃を与える事件が起きた。マニラ湾のコレヒドール島で軍事訓練をおこなっていたムスリム特殊訓練兵数十人が政府軍に殺されたのである(ジャビダ事件)。マニラのムスリム学生や若手知識人らは、デモや抗議集会を組織し、フィリピン政府への抗議行動を活発におこなった。当時、フィリピン大学政治学講師であったヌル・ミスアリは、左翼学生団体、愛国青年同盟創設者の一人で、ムスリム左翼学生運動の指導者であったが、ジャビダ事件への抗議活動をつうじて、自分たち南部フィリピンのムスリムは、中北部住民とは異なる、自分たち独自の問題と要求をもつことを自覚したという。フィリピン・ムスリムにとってこの事件は、たんなる軍による人権侵害にとどまらず、それ以上の意味をもっていた。この事件は、スペイン植民地期から今日にいたるまで、マニラの政治権力がムスリムを敵とみなして、抑圧、排除し続けてきた歴史を象徴する事件だったのである。[2]

一方、一九六〇年代後半、ミンダナオ島中部では入植地や農園、企業などの警備のため

1 1960年代半ばに開始された社会意識の変革をめざす文化運動。プロパガンダ運動とは，19世紀末にフィリピン人有産知識階層出身者が率いた，言論をつうじての植民地統治改革運動をさす。

2 モロ民族運動史のなかで，ジャビダ事件は，モロ民族意識の覚醒《かくせい》を引き起こした重要なできごととして位置づけられている。ムスリム・ミンダナオ自治地域政府は，事件の起きた3月18日を「バンサモロの日」と定め，各地でミンダナオの平和をテーマとした行事をおこなっている。

3 ネズミを意味するビサヤ地方の言葉。

に軍事力が強化され、ムスリム、キリスト教徒双方の有力者が自警団を組織した。一九六〇年代末から七〇年代初めにかけて、選挙がらみの暴力も含め、流血事件が多発した。一九七一年には北コタバト州マニリ町のモスクで、数十人のムスリムがキリスト教徒政治家の私兵団イラガ[3]によって殺された事件（マニリ事件）が起きた。同年十一月には、北ラナオ州カウスワガン町タクブ集落にある軍の検問所で、投票所に向かうムスリム住民の一行を乗せた五台のトラックが軍の検問所で止められ、兵士と私兵による一斉射撃を受け、三十数人が死亡する事件（タクブ事件）が起きた。これらの事件は、フィリピン・ムスリムに計り知れない衝撃を与えた。彼らは、国家権力の支援によって、ムスリムの抹殺が実行されているという確信を深めたのであった。

マニラのムスリム学生活動家は、帰省時に地元の青年を集めてセミナーや集会を開き、土地問題や官憲による民間人虐待など、地域社会の住民が直面するさまざまな切実な問題の原因や解決方法を議論した。このような集会をつうじて、南部フィリピンの地方都市や大学を拠点として、反帝国主義の立場からフィリピン・ムスリムの現状をとらえ、植民地状況からの解放をめざす運動が形成されていった。

◀**タクブ事件を報じる新聞記事挿し絵**
（1971年11月24日，マニラ・タイムズ）

また、学生運動左派とは一線を画し、リベラルな民主主義の立場から、フィリピン・ムスリムの権利擁護や地位向上に取り組むリベラル派西洋型ムスリム知識人のグループもあった。彼らは、フィリピンの憲法・法律や、国際法を根拠として、議会制民主政治の制度的枠組みのなかで、英語による言論活動をおこなった。ムスリム法律家連盟の若手リーダーがこのグループの中心であり、マカパントン・アッバス二世、マイケル・マスツラなどがその代表的人物である。彼らの多くはマニラと南部フィリピンの出身地の双方に活動拠点をもち、ムスリム社会の中間層上層から富裕層出身者が多かった。これが第二の新世代ムスリム・リーダー・グループである。

三番目のグループは、中東留学経験のある若手ウラマーである。彼らの多くは帰国後、地元のイスラーム学校の校長や教員を務めていた。イスラーム宣教師や教師として海外在住の者もいた。彼らはムスリム地域のエリート的イスラーム知識人として高い社会的威信を認められ、住民から尊敬されていた。しかし、当時の中東留学ウラマーの大多数は、英語教育をほとんど受けていなかった。フィリピンの国語はフィリピン語で、公用語はフィリピン語と英語の二言語と定められているものの、行政や司法の言語は実質的に英語のみである。法律や行政文書は英語で書かれ、議会の議事も英語でおこなわれる。新聞もタブロイド版大衆紙以外は英語紙である。このような状況では、英語が堪能でないと、議会制民主政治に十全に参加することが困難である。この点で、中東留学ウラマーは大きなハンディキャップを負っていた。彼らは、地域社会のオピニオン・リーダーであったにもかかわらず、フィリピンの政治システムにおいては実質的に排除されていた。

また、インドネシア、マレーシアなど、ムスリムがマジョリティで、イスラーム行政機関をもつ国の場合、ウラマーには、宗教省などの行政官に任官する道が開かれていた。しかし、イスラーム行政機関をもたないフィリピン政府には、これらに相当するポストはない。彼らは、フィリピンにおけるイスラーム共同体の維持発展を保障する制度の確立を求めると同時に、イスラーム知識人の地位向上のためにも、イスラーム法を公的に実践する統治体制の確立を望んでいた。

第四のグループは、地元で教育を受けた若手イスラーム知識人である。彼らの多くはイスラーム学校教師を生業としていたが、モスクでの説教やもめごとの仲裁などをとおして、日常的にムスリム民衆と接していた。そのため、彼らはムスリム民衆の直面するさまざまな問題を熟知するとともに、彼らに対して大きな影響力をもっていた。彼らはモスクを中心とした地域社会の存続と発展に、その社会的権威と生活基盤を依存していた。彼らは、ムスリム社会の緊張が高まるなかで、イスラームの敵によりムスリムが抹殺されようとしていると認識し、自衛のための防衛ジハード運動を組織した。

これら四つのタイプの新世代ムスリム・リーダーは、それぞれの出身地域で親族関係や交友関係をつうじて相互のつながりをもっていた。また、中東留学ウラマーをつうじて、カイロ、マッカをはじめとする中東留学先と、南部フィリピンの地域社会をつなぐネットワークが形成されていた。そして、学生や専門職などの西洋型ムスリム知識人によってマニラと南部フィリピンの諸地域が結ばれていた。こうして、マニラ、中東、南部フィリピン諸地域を結節点としたネットワークが形成された。新世代のムスリム・リーダーは、このネットワークをつうじて、エスニック集団や地域をこえて交流し、その過程で急進的な社会変革をめざす運動が組織され拡大していったのである。

モロ民族解放戦線

ジャビダ事件から二カ月がたった一九六八年五月、元コタバト州知事のウドトグ・マタラムは「ムスリム独立運動」[4]を発足させ、南部フィリピンを分離してイスラーム共和国を樹立することを宣言した。「ムスリム独立運動」の綱領には、分離独立を正当化する理由として、民族自決権と並べて、「イスラームの教えを実践し、イスラーム法を遵守するためには具体的な地理的領域が必要である」というイスラームの論理が掲げられている。この綱領は、カイロ大学でイスラーム法と西洋法の双方を学んだ若手ムスリム法律家と、フ

4　のちに「ミンダナオ独立運動」と改称した。

ィリピンの大学で法学を学んだ若手ムスリム法律家の二人が協力して起草した。起草者は、西洋国際法の観念とイスラームの観念の双方を合成して、イスラーム共和国の分離独立を正当化する論理を形成したと思われる。「ムスリム独立運動」発足宣言は、ムスリム社会の有力地方政治家が政府の権威を公然と否定し、ムスリムの不満への対応として分離独立という過激な手段への支持を表明したことによって、フィリピン社会に大きな衝撃を与えた。しかし、マタラムは三年後、マルコス政権と和解し、この運動は解体した。

一方、南ラナオ州のムスリム有力政治家、ドモカオ・アロントとラシード・ルクマンは、秘密裏にマレーシアのアブドゥル・ラーマン首相と連絡をとり、フィリピン・ムスリム青年の一団のマレーシアでの軍事訓練を実施した。これにはヌル・ミスアリも参加しており、この軍事訓練に参加したムスリム青年によって、一九七〇年頃に、南部フィリピンの分離独立をめざす武装組織としてモロ民族解放戦線中央委員会が設立され、中央委員長にヌル・ミスアリが選出された。

ムスリム青年は、従来の蔑称「モロ」に、植民地支配者に対して戦った勇敢な民族という新たな意味を与え、フィリピーノ(フィリピン人)に対抗するナショナル・アイデンティティを示す言葉として、「モロ民族」という言葉を採用した。では、

▲ドモカオ・アロント

なぜ、ナショナル・アイデンティティが必要だったのか。若手ムスリム法律家のマカパントン・アッバス二世は、この点について、イスラーム団体機関紙『ダッワトゥル・イスラーム』でつぎのように述べている。「フィリピンのムスリムは、ナショナル・アイデンティティを採用しなければならない。なぜなら、今日、国際社会に普及している観念においては、自己決定のために合法的に戦うことができるのはネーションのみだからである」。すなわち、自己決定の権利をもつ主体であることを国際的に示すために、宗教共同体ではなく、ネーションとして自己定義する必要があったのである。

のちにＭＮＬＦは、一九七四年発行の機関紙『マハルディカ』で、「モロは、モロ民族の故郷、すなわち南部フィリピンに長年住み、モロ民族革命に共鳴する人を指す」と述べており、これがＭＮＬＦによるモロの定義とされている。

一九七二年九月、マルコス大統領が戒厳令を布告し、議会と制憲議会が停止された。これは、議会制民主政治をつうじての改革に一縷《る》の望みをつないでいた人たちの期待を打ち砕いた。ムスリム住民は、軍が全ムスリム抹殺計画を実行するのではないかと懸念し、危機感が高まった。戒厳令布告一カ月後、南ラナオ州マラウィ市での武装蜂起（マラウィ蜂起）を皮切りとして、南部各地で武装闘争が展開された。マルコス政権はこれに対し、大量の兵力を投入して武力鎮圧をはかったため、南部各地で激しい戦闘が続き、多数の死傷

▶モロ民族解放戦線の旗
赤地にクリス（剣），新月，星が描かれている。新月にはシャハダ（信仰告白）が記されている。

者や難民が発生した。なかでも一九七四年には、ホロ島で、ＭＮＬＦと政府軍のあいだでこれまでで最大規模の戦闘が戦われ、数千人の死傷者が生じ、ホロ町は甚大な被害を受けた。

ＭＮＬＦはさまざまな勢力の寄り合い所帯であり、全体の指導部として中央委員会を有していたものの、中央集権的な官僚機構をもたず、地方支部の自律性が高かった。したがって、住民の動員に用いられた言葉や、動員の方法も、地域により多様であった。ラナオ地方では、ＭＮＬＦ地方支部指導者は、防衛ジハード運動（プランサビル）の重要性を説いて運動への参加を呼びかけた。現地で配られたマラナオ語宣伝文書には、反帝国主義・反封建主義の言葉はみあたらず、自称としての「モロ民族」の語も、組織名以外にはほとんど使用されていない。それにかわって「ムスリム」や「イスラームの民」の語が使用されている。このことは、ラナオ地方に関しては、防衛ジハードの論理と言葉を用いて政府軍に対する武装闘争への住民の動員がおこなわれたことを示している。

一九七〇年代初頭、ミンダナオ島中部でのムスリム住民殺害事件が報道されると、リビアをはじめとするムスリム諸国の指導者は、フィリピン・ムスリムがおかれた状況に関して憂慮を表明し、フィリピンに視察団を派遣した。一方、

◀**ラナオ地方での軍事化**（戦略村設置）**の必要性を問う新聞記事挿し絵**（1971年12月10日，マニラ・タイムズ）

マルコス政権は、「フィリピン政府はムスリムの抹殺を計画している」という疑いを打ち消し、南部フィリピン紛争を国内問題化するために、積極的に外交活動をおこなった。一九七四年、クアラルンプールでのイスラーム諸国外相会議で南部フィリピン紛争が議題として取り上げられ、フィリピン政府とＭＮＬＦとの和平交渉による解決が勧告され、これを受けて両者の和平交渉が開始された。そして一九七六年、リビアの仲介により、フィリピン政府とＭＮＬＦとのあいだで、フィリピンの主権と領土的一体性の枠組みのもとで、ムスリム人口の集中している南部ムスリム地域一三州（当時）に自治を与えることを骨子とするトリポリ和平協定が締結された。

しかし、マルコス政権は実権のともなわない名目的な自治を認めたにすぎなかったので、ＭＮＬＦは武装闘争を再開した。その後、モロ民族独立運動の主導権を若者世代の手から取り戻そうとするムスリム有力政治家の動きや、フィリピン政府の分断工作も功を奏し、ＭＮＬＦ指導部は三派に分裂した。ＭＮＬＦ中央委員の一人サラマト・ハシムが率いた分派は、一九八四年にモロ・イスラーム解放戦（ＭＩＬＦ）と改称した。もう一つの分派は、ディマス・プンダトが率いるＭＮＬＦ改革派であった。これはプンダトがのちに政府に帰順して、解体した。

一方、ミスアリの率いるＭＮＬＦは、すでにみたように一九九六年、ラモス政権のもと

5 MNLFの軍事部門。

で、インドネシア政府の仲介により新たな和平協定を締結し、ミスアリは選挙をへてムスリム・ミンダナオ自治地域長官に就任した。モロ民族軍の一部はフィリピン国軍に編入され、MNLFは体制内に組み込まれることになった。

これに対し、MILFはその後も、イスラーム国家または高度の自治を求めて武装闘争を継続し、フィリピンで最大のムスリム武装勢力となっている。次節では、MILFのイスラーム運動としての側面に注目しながら、その指導者の思想やイデオロギーと運動の特徴をみてみよう。

モロ・イスラーム解放戦線

創設者サラマト・ハシム

サラマト・ハシムは、一九四二年、マギンダナオ州パガルガン町で、のちに州知事となった地元の有力政治家、ウドトグ・マタラム（ムスリム独立運動〈一九六八年〉の創始者）の親族の家庭に生まれた。サラマトは、地元の公立小・中学校卒業後の五八年、マッカ巡礼に赴き、その後数カ月マッカにとどまってイスラームを学んだ。翌五九年、サラマトはカイロに移動し、アズハル大学イスラーム学部をへて同大学院イスラーム学部修士課程を修了し、さらに博士課程に進学した。

▲サラマト・ハシム

▲ムスリム・ミンダナオ自治地域長官時代のヌル・ミスアリ

サラマトのカイロ滞在は一一年にわたり、この間、「カイロ在住フィリピン人学生協会」や、アジア諸国出身留学生の団体「タダームン・アジア(アジアの連帯)」)創設に参加し、学生リーダーとして積極的に活動した。サラマトは、留学生活をつうじて、パレスチナを含むアジア・アフリカの反植民地運動やその思想にふれるとともに、ハサン・バンナー、サイイド・クトゥブ、ムハンマド・マウドゥーディら、二十世紀のイスラーム主義思想に出会い、その影響を受けた。また、一九六二年、南部フィリピンの植民地状況からの解放をめざす組織を同地で秘密裡に結成したとされる。当時の事情に詳しいアズハル大学元留学生によると、この組織は、この時点では武装闘争ではなく、ダッワ[6]による漸進的なイスラーム化によるフィリピン・ムスリムの解放をめざしていたという。

サラマトは、マギンダナオ州出身の元上院議員でフィリピン・ムスリム協会会長のサリパダ・ペンダトゥンとも親族関係にあり、この人脈をつうじて、南ラナオ州の有力政治家、ラシード・ルクマンとドモカオ・アロントと知り合い、彼らの信頼をえた。一九六〇年代末、ラシード・ルクマンとドモカオ・アロントがマレーシアのアブドゥル・ラーマン首相の支援をえて、マレーシア領内でのムスリム青年の軍事訓練を計画したさい、エジプトでこの計画の連絡調整役を務めたのはサラマトであった。

一九七〇年、サラマトは帰国した。北コタバト州立図書館に職をえたサラマトは、他の

6 イスラームへの呼びかけ，布教を意味するアラビア語。

急進的若手ムスリム活動家とともにイスラーム団体を設立し、モロ民族解放運動の組織化を進めていった。ミスアリを含め、マレーシアの軍事訓練に参加したムスリム青年らも同様に、それぞれの出身地でイスラーム団体を設立し、それらを拠点として解放運動を開始した。同じ一九七〇年、ラシード・ルクマンは、各地のさまざまな解放運動勢力の連合組織として、モロ民族解放機構(BMLO)を設立した。ミスアリやサラマトをはじめとする急進的ムスリム青年も、この組織の役員に名を連ねた。フィリピンに調査団を派遣したリビア政府は、フィリピンのムスリムに対し、資金援助を約束しており、ルクマンはBMLOをその受け皿にしようとした。しかし、リビア側は、ルクマンらのムスリム既成政治家ではなく、新興勢力の急進的ムスリム青年グループ(水面下で活動していたMNLF)に直接資金を渡した。これにより、モロ民族解放武装闘争の主導権を急進的青年グループが掌握し、のちに彼らとBMLOとのあいだに亀裂が生じた。

一九七二年に戒厳令が布告された後、サラマトとミスアリは国外に脱出し、マレーシアのサバ州でMNLF指導部の評議会を結成した。その後、ミスアリはリビアのトリポリ、のちにサウジアラビアのジッダに移動し、MNLFに対するイスラーム諸国会議加盟国の支持を取りつけることを目的として、活発に外交活動をおこなった。サラマトも、カイロ、マッカ、ジッダ、カラチへと順に拠点を移動させながら、中東や欧米諸国を訪ねて外交活動を展開した。この間、サラマトはカイロにあるカトリック系私立大学、カイロ・アメリカン大学で英語も学び、母語のマギンダナオ語とアラビア語に加えて、英語で執筆や講演をおこなえる能力を身につけた。[7] サラマトは、一九七四年、ＭＮＬＦ中央委員会の一三人のメンバーの一人に選ばれ、対外関係担当中央委員に就任している。

一九七六年のトリポリ協定締結後、ミスアリとサラマトのあいだで、運動目的や路線をめぐる対立が表面化した。同協定締結一年後の七七年末、マギンダナオ地方とラナオ地方出身のＭＮＬＦ現地司令官のグループが、武器の配分の地域的偏りや、ミスアリの独裁的な意志決定への不満を理由として、ミスアリの中央委員会議長解任とサラマトの同議長就任を求める文書を提出した。ミスアリはこの要求を拒否したため、サラマトは自らの中央委員会議長就任を宣言した。これによって、ＭＮＬＦはミスアリ派とサラマト派に分裂し、前者は、ミスアリの出身地であるスールー諸島一帯、後者はサラマトの出身地であるマギンダナオ地方とその近隣のラナオ地方をそれぞれの勢力圏として、武装闘争を展開した。

一九八四年、ＭＮＬＦサラマト派は組織名をモロ・イスラーム解放戦線（ＭＩＬＦ）と改称した。ＭＩＬＦ機関紙『マラディカ』[8] は、組織名のなかの民族（ナショナル）の語をイスラームに変えた理由について、ＭＩＬＦの運動のイデオロギーはイスラームであり、世俗主義的な民族解放思想ではないためと説明している。サラマトは、イスラームを運動の公

[7] マラナオ語，イラヌン語はマギンダナオ語にきわめて類似しており，この３言語は相互に理解可能である。これに対し，タウスグ語，サマ語は言語系統が異なり，マギンダナオ語話者は理解できない。そのため，これらの異なる言語話者が話し合うときは，タガログ語や英語，セブ語を用いたり，複数の言語を話せる人が通訳するなど，臨機応変に多言語を併用して意志疎通をおこなうことが一般的である。

[8] マギンダナオ語，マラナオ語などの南部フィリピン諸語で「自由」を意味する。MNLF機関紙の名称『マハルディカ』はタウスグ語で同じ意味をあらわす言葉で，どちらもマレー語の「ムルデカ」にあたる。

式イデオロギーとして採用することにより、ミスアリが指導し、世俗主義的民族解放思想を基調とするMNLFとの違いを明確にしたのである。

では、MILFのイスラーム・イデオロギーとはどのようなものなのだろうか。また、それを支えるサラマトの政治思想はどのような内容をもち、それは、現代イスラーム政治思想の流れのなかに、どのように位置づけられるのだろうか。MILF改称翌年の一九八五年、サラマトの著作『バンサモロ[9]・ムジャーヒド[10]——彼の目的と責任』と題する冊子が刊行された。これは、サラマトがMILF幹部や士官に対しておこなった講演にもとづいており、そこに示されたMILFの理念や行動指針は、その後もMILFに引き継がれている。そこで、この著作をつうじてサラマトの思想に迫ってみよう。

サラマトの思想

サラマトの政治思想の最大の特徴は、イスラーム革命の理念を用いて、モロ民族解放武装闘争の必要性を説いた点である。イスラーム革命とは、西洋型の世俗主義体制のもとでは政治的・社会的公正を達成することができないとし、イスラーム法にもとづく統治の確立をめざす社会変革運動である。サラマトは、イスラーム国家建設の闘いは、神に対するムスリムの義務であるとする。

イスラーム革命の理念を体系的に提唱したのは、パキスタンのイスラーム思想家・ジャ

9　MNLF発足時には，公式文書において「バンサ」と「モロ」は2語に分けて綴られており，MNLFサラマト派も分派形成当初は同様の綴りを用いていたが，1980年代にはいると，2語をつなげた一つの複合語として用いる場合が多くなった。「モロ」の語は，MNLFの公式定義では非ムスリムも含む概念として定義されているにもかかわらず，ムスリムの同義語というイメージが強い。これに対し，バンサモロという民族名称は，南部フィリピンという領域に定義され，非ムスリム住民を含めたより広範な人間集団を意味する言葉として，より広く用いられている。

10「ジハードをおこなう者」「戦士」を意味するアラビア語。

ーナリストで、イスラーム主義団体ジャマーテ・イスラーミーを創始したアブル・アアラー・マウドゥーディーである。彼の著作『イスラームにおけるジハード』（一九三〇年）は、諸言語に翻訳され、イラン革命をはじめ、世界各地のイスラーム主義運動に大きな影響を与えた。サラマトの著作『バンサモロ・ムジャーヒド』にはクルアーンの章句が頻繁に引用されているが、それ以外の唯一の引用文献は、マウドゥーディーの『イスラームにおけるジハード』であった。また、ＭＩＬＦ機関紙『マラディカ』には、マウドゥーディーの同書の英訳が連載された。このことから、サラマトの政治思想が、マウドゥーディーのジハード論を重要な拠り所としていたことがうかがわれる。

　サラマトは、武装闘争の目的は、イスラームとバンサモロの人びとの尊厳を防衛し、自己決定の権利を回復するためにジハードを遂行することであると述べている。そしてさらに、運動の最終的な目的は、それをつうじてイスラームの統治システムを確立し、生活のすべての面において真のイスラームを適用し、アッラーの言葉を至高のものとすることであるという。このジハードの指導者は、神を畏《おそ》れる敬虔《けいけん》な者でなければならず、邪悪な者や腐敗した者が指導してはならないとし、リーダーの資質としてイスラーム性が不可欠の条件であることを強調している。このようにサラマトは、ジハードを、個人や社会のイスラーム化を阻止する動きに対する武装闘争として意味づけ、自分たちの闘いを、ムスリム

▶モロ・イスラーム解放戦線の標語，「勝利か，しからずんば殉教か」（『マラディカ』1987年7号）

社会の腐敗した伝統的指導者の支配から、敬虔なムスリムによる指導体制への変革運動として位置づけている。すなわち、サラマトのいうジハードは、たんに外敵の侵略からムスリム社会を防衛するにとどまらず、リーダーシップを含め、ムスリム社会全体のイスラーム化をめざすものであり、これは、マウドゥーディーのジハード論と一致している。これは、一九七〇年代初頭、フィリピン・ムスリムの若手知識人が『ダッワトゥル・イスラーム』紙などで主張した古典的なジハードの論理とは異なる新しい特徴である。

サラマトの思想とそれにもとづくＭＩＬＦの運動は、一九七〇年代半ば以降の、世界的なイスラーム主義思想[11]の高揚と連動して展開した。この時期に中東諸国に留学したフィリピン・ムスリム青年のなかには、当時、留学先で若者のあいだに広がっていたイスラーム主義運動にふれ、その影響を受けて帰国した者が多い。アフガニスタン内戦に義勇兵として参加したＭＩＬＦやＭＮＬＦのメンバーもいた。イスラーム革命としてのジハード論に依拠したサラマトの政治思想は、このような時代の息吹をとらえ、新世代のムスリム青年を惹《ひ》きつけたのである。サラマトも、一九九四年、外国のイスラーム雑誌インタビューにおいて、イラン革命やアフガニスタンのジハードなど、同時代のムスリム諸国で展開するイスラーム革命が、イスラーム政府樹立をめざすジハードに対するバンサモロの熱意を強めたと述べている。

[11] 1979 年のイラン革命の原動力ともなった。

サラマトは、目的達成の手段としてダッワとジハードを併用する方針をとり、MILFメンバーやバンサモロ大衆を対象とした宣教や思想教育を重視した。ダッワは、個人、家族、親族、地域社会、政府の順に、段階を追って進める必要があり、MILFメンバーは、MILFが用意したカリキュラムに従って、各段階でダッワをおこなうことを義務づけられている。このように、イスラーム国家樹立に先立って、個人、家庭、民衆、政府の順番で、段階的に社会をイスラーム化していくという考え方は、ムスリム同胞団創始者バンナーにより提唱され、サイイド・クトゥブにも引き継がれた。サラマトの政治思想には、この理念も取り入れられている。

サラマトの思想のもう一つの特徴は、イスラーム主義の理念と、西洋起源の国際法の重要原則の一つである民族自決権の観念が共存している点である。起源の異なるこの二つの観念は、いったいどのような論理によって結びつけられているのだろうか。サラマトは、イスラームにもとづく統治を全面的に確立するためには、自己決定の権利を行使し、独立国家、もしくは意味のある自治政府を獲得する必要があるとする。なぜなら、非イスラーム的政府のもとで、イスラーム統治を全面的に実施することは不可能だからだという。

エジプトやインドネシアのように、ムスリムが総人口の圧倒的多数派を占める国では、イスラーム国家の樹立を求める運動は、通常、既存の国家領域を前提としたうえで、体制選択の問題となり、宗教と国家に関する憲法上の規定をめぐる対立というかたちをとる。これに対し、一定地域に長年集中居住してきたムスリムが、世俗主義国家に編入されて宗教的少数派の地位におかれた場合、イスラーム国家建設運動にとっては、国家の領土前提自体が問題となる。そこで、既存の支配体制の変革のみならず、領土前提の変更を求めるようになり、それを正当化する理念が必要となる。領土前提は国際的に保障されないと機能しないので、国際法上、領土変更を正当化できる理念として認められている民族自決権に依拠せざるをえない。このような論理にもとづいて、民族自決の理念が、イスラーム国家建設のために必要な道具として正当化される。したがって、サラマトのイスラーム主義思想は、既存の国際秩序を前提として組み立てられたものであり、現実主義的で折衷的な性格をもっている。

フィリピンのイスラーム知識人のなかには、のちに述べるオンピア党のように、フィリピン共和国の領土前提を否定せず、議会制民主政治への参加や教育など、合法的な手段で徐々にイスラーム化を進めようとする人びともいる。これらの人びとを漸進的イスラーム主義者と呼ぶとすると、それとの対比において、既存の領土前提を否定し、武装闘争という手段を用いるサラマトは、急進的イスラーム主義者と呼ぶことができる。しかし、サラマトは、サーダート大統領を暗殺したエジプトのジハード団のような、過激なイスラーム主義者とは、思想的にも運動面でも明らかに異なる。クトゥブ主義と呼ばれるこれらの過激なイスラーム主義者は、ムスリム共同体を攻撃する異教徒に対してだけではなく、ムスリム社会内部の腐敗した指導者に対するジハード(背教者へのジハード)を肯定する。[12] これに対しサラマトは、ジハードの対象を、「長年、ムスリムを抑圧し、搾取してきたマニラの政府とその軍隊」のみに限定している。マニラの政府と結託したムスリム社会の支配者、腐敗したムスリム指導者に対する一般的な批判はおこなうが、名指しの批判はほとんどおこなわない。むしろ、彼らが悔い改めて、よきムスリムになりMILFの指導するジハードに参加することを勧めている。したがって、ムスリム社会支配者に対する武装闘争を呼びかけることはない。このことから、サラマトの思想は、正統的なイスラーム理解にもとづくものといえる。

これは、サラマトがアズハル大学卒のエリート的イスラーム知識人であり、かつ、マギンダナオ州の有力政治家ペンダトゥン＝マタラム一族の出身であることと無縁ではないだろう。サラマトは革命運動指導者であるとともに、この二つの資質からも政治運動指導者としての正当性をえていた。高学歴のイスラーム知識人として高い社会的権威を認められていたサラマトは、精神面、倫理面でムスリム支配層に対して優位にあったので、ムスリム支配層を牽制しつつ、自らの主導により運動を展開することができた。また、支配層と

[12] 詳しくは本シリーズ「イスラームを知る」(第10巻)の横田貴之『原理主義の潮流——ムスリム同胞団』を参照。

の全面的対立を避け、有力者との親族関係をつうじて支配層の支持を調達し、運動を拡大することができた。このようにサラマトは、イスラーム主義者であると同時に、現実主義的で柔軟な政治指導者としての資質をもっていたのである。

社会的基盤

サラマトは、マルクス主義者や左翼はジハードを指導することができないと述べる。また、MILFの闘いの目的は、「ダトゥ支配」(特定の家柄に継承される貴族称号をもつ人びとによる支配体制)を打破することではないと述べて階級闘争ではないことを強調する。サラマトは、そうすることによってムスリム支配層や、その多くが中間層上層または富裕層出身者であるリベラルな西洋的ムスリム知識人からも、MILFに対する一定の支持をえることができた。

組織構造としては、発足以来の中央委員会と地方支部、および、軍事部門のバンサモロ・ムジャヒディーン軍に加え、一九九二年、組織の基本方針を審議する合議制の機関として、マジュリス・シューラ(評議会)が設置された。これは中央委員会メンバーのほか、各セクター代表で構成される。さらに九六年には、イスラーム裁判所が設置された。フィリピン政府の秩序維持装置が機能せず、長年の紛争のために地域社会の伝統的秩序も崩壊した地域では、MILFのこれらの制度が実質的な対抗政府としての役割をはたしてきた場合もある。

さらにＭＩＬＦは、ダッワやセミナーなどをつうじて、ムスリム青年層を中心として支持基盤を拡大していった。これらの非政治的な活動は、必ずしも武装闘争によるイスラーム国家の樹立を支持しない人びとのあいだにも受け入れられやすく、より広範な運動の社会基盤を築いてきた。

二〇〇〇年にはエストラーダ政権、二〇〇二年にはアロヨ政権により、ＭＩＬＦに対する大規模な軍事攻撃がおこなわれ、ＭＩＬＦの軍事拠点は打撃を受けた。しかし、イスラーム復興運動と連動する社会運動としてムスリム社会に浸透してきたＭＩＬＦは、ミンダナオ中部を中心として、ウラマーやイスラーム学校生徒、若者、公務員や教員を含む専門職を中心として、広い社会的基盤を保ってきた。サラマトは二〇〇三年に病気のため死亡し、その後継者として、イブラヒム・ムラッドがＭＩＬＦ中央委員長に就任した。

ミンダナオ和平プロセス

二〇〇一年に発足したアロヨ政権は、マレーシア政府の仲介により、ＭＩＬＦとの和平交渉を断続的におこなってきた。フィリピン政府とＭＩＬＦは、バンサモロを、独自の歴史と文化をもち、自己統治をおこなってきた人びととして認め、先祖伝来の領土における天然資源をバンサモロに有利に分配することをおもな内容とする「先祖伝来の領土に関する覚書（ＭＯＡ－ＡＤ）」に合意し、二〇〇八年に署名寸前の段階となった。この覚書の対象地域には、現行のムスリム・ミンダナオ自治地域に加え、隣接する六つの州と七〇〇以上のバランガイ（最小の行政単位）が含まれていた。

しかし、この地域に利権をもつ実業家が既得権の喪失を恐れて猛反対し、対象地域の住民にも不安が広がった。ムスリム側でも覚書への賛否は分かれ、さらに、交渉過程の不透明性、利害関係者への事前協議の不足などの問題が指摘され、全国的に反対世論が高まった。これをきっかけに南部フィリピンでは自警団が復活・増強され、ＭＩＬＦと政府軍の軍事衝突が起き、六〇万人以上の難民が発生した。結局、最高裁判所によるこの覚書に対する違憲判断がくだされ、覚書は葬り去られた。

フィリピン社会は、シンボルや文化の面でムスリムの要求を反映し、多元主義的アプローチをとることに関しては、総じて寛容であった。しかし、土地と資源の配分に関しては、関係者の利害が真っ向から対立するため、妥協が非常に困難となっている。ルソン島やビサヤ諸島で暮らすキリスト教徒住民の多くにとって、南部フィリピン紛争は、自分たちの生活に直接関係のない、遠くの世界のできごとである。厄介な問題ではあるものの、その解決のために、政府やキリスト教徒住民が既得権を失うことになるのは不当だと思っている人が多い。南部フィリピン紛争を、フィリピンの政治・社会の構造的問題としてとらえ、その平和的解決のためには、関係者が経済的利害対立を乗りこえて妥協する必要があるという国民的合意は形成されていない。二〇一一年、前年に発足したベニグノ・アキノ三世政権とＭＩＬＦとのあいだで和平交渉が再開されたが、ミンダナオ紛争の解決の重要性について国民的合意を形成し、土地と資源の配分の問題に関して政治的妥協点を見つけることが最大の課題である。

南部フィリピン紛争の和平プロセスには、マレーシアのほか、欧米諸国や日本も参加しており、日本政府は国際監視団（ＩＭＴ）に開発専門家を派遣し、社会経済開発や平和構築を支援している。日本人によるものも含め、南部フィリピン各地ではフィリピン内外の多数のＮＧＯがさまざまな活動を展開している。南部フィリピン紛争とその解決には、われわれも密接な関係をもっているのである。

第5章　新局面のムスリム政治・社会運動

漸進的イスラーム政治運動　オンピア党

一九七〇年代半ば以降、マルコス政権のムスリム宥和政策のもとでイスラーム身分法が制定され、イスラーム金融機関が設立されるとともに、ムスリム諸国や国外イスラーム機関からの支援によって、多数のモスクやイスラーム学校が建設され、中東諸国への留学生が増加し、イスラームの社会制度が発展した。また、一九八六年の「ピープル・パワー革命」後、フィリピンでは議会制民主政治の制度が復活し、戒厳令体制以前の二大政党制にかわって多党制の時代にはいった。地方分権政策が採用され、参加民主主義を基調としてフィリピン政治が展開されるようになった。こうしたなかで、ムスリムによる多様な政治運動や社会運動が形成された。

「ピープル・パワー革命」から半年後の一九八六年八月、南ラナオ州マラウィ市で、マラナオのウラマーが中心となって、イスラームにもとづく政治・社会改革を訴える地方政党「オンピア党」を設立した。「オンピア」とは「良い方向に変化すること」を意味するマラナオ語である。総裁はアズハル大学卒業後、リビア留学をへて日本で宣教活動をおこなっていたマヒド・ムティラン（四九頁参照）、副総裁はリビア大学に留学したアブドゥルマジード・アンサーノであった。他の役員にも、エジプトやサウジアラビアなどでイスラーム学を学んだウラマーが就任した。創設メンバー一六〇人の大多数をウラマーが占めていた。

オンピア党設立の中心人物であったアンサーノは、一九四三年生まれで、ミスアリやサラマト、ムティランと同世代である。アンサーノは公立の小学校とハイスクールに通うとともに、マドラサでも学び、その後、六四年から七三年まで九年間、リビア政府の奨学金をえて、ベンガジのリビア大学でイスラーム学と教育学を学び、帰国後はマラウィ市にあるミンダナオ国立大学ファイサル王イスラーム学アラビア語センターやマドラサで教鞭をとっていた。

一九八〇年代初め、フィリピン大学大学院で学ぶためにマニラにやってきたアンサーノは、マニラの新興ムスリム・コミュニティー、バンダラ・イグッドにモスクやマドラサを設立し、イスラーム振興と住民の組織化に取り組んだ。アンサーノはこれらの活動をつうじて、イスラーム指導者として住民の尊敬を集めるようになっ

▲オンピア党本部の看板（1998年，マラウィ市）

▲マヒド・ムティラン

た。一九八三年八月、マルコス大統領の政敵、ベニグノ・アキノ元上院議員暗殺を契機として、マニラでは、反マルコス運動がもりあがっていった。八六年二月の大統領選挙では、現職ムスリム国会議員・州知事・市長などは、そのほとんどがマルコス支持を表明していたが、アンサーノはマルコスを腐敗した誤ったリーダーシップとみなし、バンダラ・イグッドの住民組織を拠点として、ひそかにコラソン・アキノ候補を支持する運動を展開した。「ピープル・パワー革命」後、議会制民主政治が復活し、多党体制となった。アンサーノをはじめとする、一九六〇年代に中東に留学したウラマーは、すでに壮年世代になっていた。彼らはこの機会をとらえて従来から温めていたイスラーム政党設立の構想を実行に移すことにした。アンサーノは、日本に滞在していたムティランに新政党への参加を呼びかけ、ムティランはこれに応じて帰国し、新党設立に参加して総裁に就任した。

オンピア党はムスリム既成政治家の倫理的堕落や腐敗を批判し、選挙をつうじて敬虔《けいけん》なムスリムを政治指導者の地位に就任させ、そのリーダーシップによって社会を改革することをめざしている。すなわち、フィリピン国家の枠組みを前提とし、そのなかで議会制民主政治への参加をつうじて、地方レベルでイスラームにもとづく改革を実施しようとする漸進的イスラーム政治運動といえる。

オンピア党設立の中心人物アンサーノは、数点のマラナオ語の著作を刊行している。ここではそのひとつ『闘いの導き――フィリピンのムスリムに向けて』(二〇〇一年)をつうじて、フィリピン・ムスリム社会の変革について、彼がどのような考えをもっていたかをみてみよう[1]。

アンサーノは、フィリピンのムスリムは植民地支配者とそれに協力するムスリムによって分断され、腐敗が進み、病に陥っているとする。この病を治癒するためには、三つの治療薬が考えられる。第一は、「タルティブとイグマ」と呼ばれるマラナオ社会の伝統的慣習法である。第二は世俗主義で、民主主義もこれに含まれる。第三はイスラームである。

アンサーノはこれらを検討し、伝統的慣習法は、系譜の観念にもとづいているので非イスラーム的であるとして退ける。世俗主義は、外来の倫理によってムスリムの生活に悪影響を与えた。民主主義はフィリピンのムスリム地域では失敗し、混迷をもたらした。アンサーノは、もし民主主義が治療薬であるのなら、とっくに平和と発展がもたらされていたはずだとする。そしてアンサーノは、治療薬はイスラームであるという。ただし、フィリピンの現状では、イスラームが本来の効能を発揮することができない。したがって、人びとと政府をイスラーム化する必要があり、そのためには、ウラマーが自ら政治にたずさわるべきだと主張する。これまでウラマーは、フィリピン政治を悪しきものとみなして避けてきたが、そのために世俗主義化と腐敗が進行した。したがって、ウラマーが政治に進出

1 詳しくは Acmad 2010 を参照。

し、人びとと政府のイスラーム化を進める必要がある、と論じている。さらにアンサーノは、イスラームにもとづく社会改革を成功させる条件として、地方分権と、ウラマーとムスリム専門職の一致団結をあげている。

このようにアンサーノは、地方分権を前提とし、ウラマーを地方政府の首長や議員のポストに就任させて地方の政治権力を掌握し、彼らのリーダーシップによって社会と政治をイスラーム化し、それをつうじてイスラームにもとづく社会改革を実現できると考えていた。

オンピア党は、一九八八年から一九九〇年代の選挙で躍進し、南ラナオ州の地方政治における主要政党となった。党総裁のムティランはマラウィ市長、のちに南ラナオ州知事に選出され、州評議会やマラウィ市議会、および、州内の大半の町議会でオンピア党が多数派を占めた。

しかし、オンピア党の躍進も二〇〇〇年代にはいって陰りがさすようになる。オンピア党が州とマラウィ市の政治を掌握して数年をへても、一般のムスリム住民の生活はいっこうに改善されず、人びとは改革を実感することができなかった。そして、一九九二年からはオンピア党がラモス政権与党ラカス－ＮＵＣＤと連立を組むようになり、オンピア党員が主流を占める州政府も、他の一般の政党と同様、腐敗しつつある

◀**オンピア党の選挙ポスターをつけて町を走る三輪タクシー**（マラウィ市）

▶**アンサーノ著『闘いの導き――フィリピンのムスリムに向けて』**

という批判がなされるようになった。オンピア党の支持者層は、ウラマーやマドラサ学生、イスラームの教えを忠実に実践しようとする敬虔なムスリム層であった。一九九八年、こうした敬虔なムスリム青年を中心とするイスラーム系NGO、マルカソ・サバーブがオンピア党に対抗して、新たなイスラーム政党、ウンマ党を結成した。

そして二〇〇四年頃からは、南ラナオ州や州内の多くの町で、アロヨ政権与党、ラカス－UMCDの支持をえた候補者が、オンピア党候補者を破って当選するようになった。さらに二〇〇七年から二〇〇八年にかけて、オンピア党の指導者ムティランとアンサーノがあいついでなくなったため、求心力が弱まった。

オンピア党の設立と発展は、議会制民主政治の復活と地方分権という新しい環境にイスラーム主義運動が適応した事例として重要である。

イスラーム過激派

一九八〇年代半ば、アブドゥルラジャク・ジャンジャラーニという中東留学経験のあるバシラン島のイスラーム学校教師によって、ジュマア・アブ・サヤフ(以下、アブ・サヤフ)というグループが創設された。組織名はアラビア語に由来し、ジュマアは集団、アブ・サヤフは「父なる剣士」を意味する。[2] ジャンジャラーニは、世俗主義

2 アフガニスタン内戦におけるムジャーヒディーンの指導者で，イスラーム知識人のアブドゥル・ラスール・サイヤーフにちなむともいわれる。サイヤーフは2003年にロヤ・ジルカ議員に選出された。

的ムスリム指導者のみならず、既存のウラマーをも非イスラーム的であるとして糾弾するとともに、イスラーム国家の樹立を掲げて武装闘争を率いた。一九九〇年代初頭以来、アブ・サヤフは、サンボアンガ半島、バシラン島、ホロ島一帯で、多数の誘拐や爆破事件を引き起こし、内外の注目を集めてきた。ジャンジャラーニの死後、アブ・サヤフのリーダーシップは分裂し、さらに政府軍の掃討作戦により弱体化したが、現在も上記の地域で活動している。

このようなイスラーム過激派台頭の原因としては、国外のイスラーム過激派の影響が指摘されることが多い。たしかにジャンジャラーニも含め、初期アブ・サヤフのメンバーには、ウサーマ・イブン・ラーディン（オサマ・ビン・ラディン）から支援を受け、パキスタン・アフガニスタン国境地帯で軍事訓練や戦闘に参加した者が含まれていたので、国外の影響は否定できない。しかし、アブ・サヤフが長期間活動を続けることができた一因は、長年の紛争で荒廃した地域社会の状況にある。武力紛争が長期間続いた地域では、多くの人が難民となり移住したため、村落の伝統的指導者による仲介や裁定、慣習法、話し合いなどの伝統的秩序維持システムが機能しなくなった。警察、裁判所などの要員も不足し、国家の秩序維持システムも十分機能していない。経済活動が停滞し、腐敗が蔓延《まんえん》している。このような地域の住民は、生命や財産に対する権利を保障されておらず、日常的に不安をかかえている。そのため、自分や家族の生存を少しでも確実にするために、それがイスラーム武装集団であれ、有力者の私兵であれ、私的暴力に依存して生活している場合が多い。アブ・サヤフが根づいているのは、このような地域である。

フィリピン左翼とムスリム

フィリピンの左翼は、イデオロギーの点で⑴フィリピン共産党（CPP）[3]と民族民主戦線（NDF）[4]の影響下にある民族民主主義派グループと、⑵それ以外のグループの二つに大別される。まず、第一のグループについてみてみよう。

一九六八年の再建当時のフィリピン共産党綱領では、ムスリム民衆は、キリスト教徒フィリピン人との階級的連帯をつうじて反帝、反封建闘争に組織され、それをつうじて解放されるべきという方針が示されており、ムスリム固有の歴史やアイデンティティは考慮されていなかった。しかし、フィリピン共産党の少数民族理論は、南部フィリピン紛争をへて大きく変化した。一九七七年に発表された民族民主戦線の一〇項目プログラムでは、モロ民族や他の先住少数民族の民族性や、自治・分離の選択権を含む自己決定の権利を認めており、これは一九九〇年代に発表された一二項目プログラムにも継承されている。

一九九九年、キリスト教聖職者を含め、キリスト教徒・ムスリム双方の人権擁護活動家

3 1968年に再建され，毛沢東主義にもとづく武装革命闘争をとり，軍事部門として新人民軍をもつ。フィリピンでは非合法化されている。

4 1973年に，フィリピン共産党の政治活動部門として設立された。オランダのハーグに本部がある。

によって、ムスリムとキリスト教徒が宗教の違いを乗りこえて、自決権の要求も含め、モロ人民の権利と福利のためにともに闘うことを目的として、モロ・キリスト教徒人民同盟（MCPA）が結成された。この団体は民族民主戦線の影響下にある合法政治団体、バヤン（新民族主義同盟）[5]の傘下にあり、軍によるムスリム住民への人権侵害や南部フィリピンでの米軍軍事演習への抗議行動を実施したり、被害者支援活動を活発におこなってきた。

二〇〇五年、この団体が母体となって、バンサモロ人民と他のフィリピン人民が連帯して、フィリピンに真の民主主義を確立することを目的として、「スアラ・バンサモロ（バンサモロの声）」という政党が設立された。党首は、全国学生同盟元議長のムスリム女性、アミラ・リダサンであった。同党は、バヤン傘下の人権団体や、農民・労働運動組織の協力をえて大衆行動を展開した。政治的主張には、クルアーンの章句やハディースを引用するなど、イスラームの観念が用いられている。例えば、「もっとも優れたジハードとは何でしょうか」「それは専制的支配者の前で真実を語ることである」というハディース[6]がホームページに掲げられている。同党は、マギンダナオ州やバシラン州の紛争地帯や、マニラ首都圏ムスリム・コミュニティー貧困層、学生を中心とする青年層のあいだで支持をえて、下院の政党名簿方式比例代表制選挙[7]に参加したが、議席獲得に必要な得票率に達せず、代表を送ることはできなかった。現在、スアラ・バンサモロは、政党としての活動を停止

5 1985年，急進的社会改革をめざすさまざまな団体を糾合して結成された政治団体。労働者，農民，女性，海外出稼ぎ労働者，少数民族などのセクター団体や，これらを基盤とする政党(バヤン・ムナなど)を傘下に擁している。
6 13世紀ダマスカスのイスラーム学者，ヤフヤー・ブン・シャラフ・ナワウィーが編んだ『リヤード・サーリヒーン(義人の庭)』1章195節。
7 政党リスト方式という。現在，下院は小選挙区制229議席と，比例代表制56議席，計285議席である。

しているが、その母体となったモロ・キリスト教徒人民同盟は、十分な証拠のないまま逮捕され、長期間勾留されているムスリムの釈放を求める活動や、ＭＩＬＦへの軍事攻撃への抗議行動などを活発におこなっている。

第二の非共産党系のグループには、武装闘争を放棄し、議会制民主政治による合法的手段をつうじて農地改革などの富の再配分や社会福祉の充実、社会的に抑圧されている弱者への政策の実施を掲げるさまざまな政党や団体が含まれる。カトリック教会やプロテスタント、宗教間協力運動の影響下にある団体もある。一九九八年に大学関係者を中心にして設立された、市民参加型の社会主義を掲げる政党アクバヤン（市民行動党）は、その綱領においてバンサモロや他の先住少数民族の自己決定権を認めている。マニラ首都圏の都市貧困層ムスリムのあいだでは、これらの左派政党の支持者も多い。

以上のように、今日の左翼勢力は、民族民主主義派も、それ以外の団体も、階級的団結を主張するのみならず、バンサモロの自己決定権を認めたうえで活動を展開している。

▶**アクバヤンの選挙ポスター**（マニラ市キアポのゴールデン・モスク付近）

イスラーム教育の新展開

統合イスラーム学校

初期中東留学ウラマーは、フィリピンにおけるイスラームを発展させることを目的として、長期的ヴィジョンのもとにイスラーム教育拡充の戦略を立て、国外イスラーム世界との人的ネットワークを活用して、フィリピン各地に多数のマドラサ(イスラーム学校)を設立し、教育内容の充実に努めてきた。

しかし、これはフィリピン・ムスリム社会に一つの問題をもたらした。それは、マドラサ教育のカリキュラムと、フィリピン公教育のカリキュラムとが大きく異なっていることから生じた。マドラサでは、アラビア語を授業言語とし、カリキュラムはイスラーム諸学とアラビア語からなるが、公教育では英語・フィリピン語を授業言語とし、フィリピン教育省が定めた世俗科目のカリキュラムにもとづいて教育がおこなわれる。両者は別の教育体系を構成しており、接点がなかったため、たとえ、マドラサの中等教育課程を優秀な成績で修了しても、一般の大学には進学できない。また、マドラサの大学課程を修了しても、公教育面での学歴がないと公務員にはなれないし、民間大手企業への就職もむずかしい。したがって、マドラサの学歴しかない人たちは、中東のアラブ諸国などでイスラーム学を学ぶ以外に進学の道は閉ざされており、職業の面でも、マドラサの教師以外の職につくことが非常に困難であった。この問題への対応策として、一部の中東留学ウラマーと西洋型ムスリム知識人は、英語やフィリピンの公教育科目を取り入れて、政府の認可を受けた「統合イスラーム学校」の設立を推進し、それに対する政府の支援を求めるようになった。

フィリピンの公教育とイスラーム教育を統合する教育機関の必要性を最初に指摘し、これを実現したのは、ドモカオ・アロント（二九、四六、六五頁参照）であった。一九五五年、アロントは、先述のカーミロル・イスラーム学院（四四頁）のインドネシア人教師、イリヤス・イスマイルの協力をえて、インドネシアの改革派イスラーム団体、ムハマディアの教育改革を手本として、同学院を改組した。彼らは、フィリピン公教育の授業科目にイスラーム科目を加えたカリキュラムを採用し、政府の認可をえたイスラーム系私立学校を開設した。[8] 八七年には、マラウィ市のムスリム・ミンダナオ学院などが、公教育のカリキュラムとイスラーム学を加えたカリキュラムを実施する英語学部を併設した。

一九八九年、ムスリム・ミンダナオ自治地域基本法によって、自治地域でのマドラサ教育システムの強化が定められた。九一年には、自治政府教育省に、教育行政の権限が委譲され、マドラサ教育強化の取り組みが開始された。そうしたなかで、九五年に、イスラームの価値をしっかりと身につけつつ、グローバル化時代の労働市場で必要とされる高度の英語能力、科学・コンピューターの知識、そしてさらに、アラビア語能力という付加価値

8 現フィリピン・イスラーム学院（JPI）。

9 公民，歴史，地理，音楽，図工，体育などを合体させて2002年に新設された科目。マカバヤンとは，バヤン（国）を愛する心を意味するフィリピン語。

をもつ人材を育成することを目的として、マラウィ市にイブン・スィーナ統合学校が設立された。同校はイスラーム系NGO、マルカソ・サバーブと、ムスリム・キリスト教徒双方の専門職をおもなメンバーとするNGO、ラナオ評議会の協力により設立され、共同で運営されている。マルカソ・サバーブとラナオ評議会メンバーは、「知識のイスラーム化」の理念を実践すべく、当初は、マレーシアの国際イスラーム大学を手本としてイスラーム大学設立を構想したが、それに向けての第一歩として初等・中等教育を優先させることにした。六人の教師と一五〇人ほどの生徒で発足したイブン・スィーナ統合学校は、今日では教員数約一八〇人、生徒数約三〇〇〇人を擁する大規模校に発展し、ラナオ地方の名門校として広く知られるようになった。

イブン・スィーナ統合学校の小学一年生のクラスでは、英語、算数、フィリピン語、マカバヤン[9]のほかに、アラビア語とイスラーム価値教育の授業がおこなわれている。英語と算数の授業時間数も、一般の公立学校より多い。

このような「統合イスラーム学校」設立運動の背景には、初期中東留学ウラマーの活動があった。ウラマーの全国団体の一つであるフィリピン・ウラマー連盟は、一九九〇年代以降、マドラサの教育水準の向上、公教育科目のマドラサ・カリキュラムへの取り入れ、ムスリム地域の公立学校カリキュラムへのイスラーム科目の導入と、そ

▲イブン・スィーナ統合学校初等部の授業

▲イブン・スィーナ統合学校

れらに対する政府の支援を求めてきた。二〇〇二年七月、アロヨ大統領らの政府関係者が出席して、マラウィ市でフィリピン・ウラマー連盟の第三回全国大会が開催された。この大会の主要な議題はマドラサ教育の質的向上と、フィリピン公教育との統合カリキュラムの策定であり、この事業への政府の支援を求める決議が採択された。

この動きを主導したのは、オンピア党の総裁でアズハル大学卒ウラマーのマヒド・ムティラン(四九、八四頁参照)であった。ムティランは二〇〇一年からムスリム・ミンダナオ自治地域の副長官兼教育長官を務めるとともに、フィリピン・ウラマー連盟会長を務めていた。ムティランは行政官として、マドラサ教育と公教育カリキュラムの統合事業に取り組み、それに対する政府の支援を求め、この計画の実現にこぎつけた。

こうした努力が実を結び、公教育とマドラサ教育のカリキュラム統合が、政府の施策として実施されることになった。二〇〇四年、「ムスリム地域の公立学校における教育内容を、イスラームに対してより好意的なものにするとともに、マドラサの卒業生がフィリピン社会から疎外されることなく、有能なフィリピン市民として能力を発揮し、国内外の労働市場で競争力のある人材として活躍できるようになること」を目的として、教育省は、マドラサとムスリム地域の公立小学校における標準カリキュラムを制定した。同年、ムスリム・ミンダナオ自治地域政府でも、同様の趣旨の共通カリキュラムが採択

▶フィリピン・ウラマー連盟第３回全国大会(2002年，マラウィ市)　左から一人おいてグロリア・アロヨ大統領，ホセ・デベネシア下院議長，マヒド・ムティラン・ムスリム・ミンダナオ自治地域副長官。

された。これらの措置により、マドラサでは、イスラーム学とアラビア語に加えて、フィリピン公教育の授業科目を教えることにより、教育省の認定が与えられ、フィリピンの全国的教育システムの一部として位置づけられることになった。また、ムスリム住民が多数派を占める地域の公立学校では、一般の科目に加えて、アラビア語とイスラーム価値教育の二つの科目を教授することが義務づけられた。

女性のイスラーム教育への参加

フィリピンでは、教育の分野に多くの女性が進出しており、幼稚園から大学にいたるまで、女性教員の比率が高い。イスラーム教育の分野でも、多くの女性教員や学校経営者が精力的に活動している。二十世紀初めにアメリカが公教育を導入した当初は、女子の就学率は男子に比べて著しく低かった。ムスリムの親が、非ムスリムの男性教員によって娘が性的被害を受けることを恐れたり、学校で男子生徒と机を並べて勉強することが伝統的な女性規範に反すると

◀**「国への誓い(パナタン・マカバヤン)」を唱える統合イスラーム学校の生徒たち**
フィリピンの小・中学校では，朝礼で国歌斉唱・国旗掲揚と「国への誓い」朗唱がおこなわれる。

▶**マニラ市キアポのイクラ統合英語アラビア語学校でアラビア語を教えるアズハル大学卒の女性教員**

Column #03

暮らしのなかのイスラーム

Nさんはラナオ地方の富農の家に生まれた五十歳代の主婦である。私は何度か彼女の家に泊まったことがある。あるとき私は、何カ所も蚊に刺されてしまった。「蚊取り線香をもってくればよかった」と嘆く私に、彼女は少し得意げにいった。「私は大丈夫なのよ」。その理由は、霊験あらたかなお祈りの言葉を知っているからだという。彼女はお父さんから、虫や蛇などに嚙まれないようにするには、この言葉を唱えなさい、とクルアーンのある章句を教えてもらったという。預言者ムハンマドが毒虫に襲われそうになったとき、この章句を唱えたところ、毒虫が退散したと伝えられている、ありがたい言葉だという。彼女は、愛用のルーズリーフ式の手帳に、日常生活に役立つお祈りの言葉として、クルアーンのさまざまな章句を書き留めている。

Nさんのお父さんは、イスラーム学校でのフォーマルな宗教教育は受けていないが、祈禱が上手で、地域の人たちに頼りにされていた民衆的イスラーム知識人だった。彼女が結婚するときには、さまざまな薬草の効能やお祈りの言葉を自ら手書きした書物をプレゼントしてくれたという。この写本には、夫の浮気を封じる薬の処方箋や、美しさを保つ秘訣も書かれているそうだ。血縁者以外が読むと災厄が起きるとされているため、残念ながら、私は表紙しか見せてもらえなかった。彼女はいずれ、この本を娘さんに譲るつもりでいる。

Nさんの親戚には、エジプトのアズハル大学でイスラーム法を学んだSさんがいる。Sさんが家にやってくると、彼女は、「ねえ、Sさん、○○をしたらイスラームに反するの？」「こういう場合は、どんなお祈りをしたらいいの？」などとさまざまな質問をする。そして新しいお祈りの言葉を教えてもらうと、例の手帳に書き留める。自分がイスラーム・セミナーなどに参加して新しいことを習ったときも、この手帳に書きこんでいる。

Nさんがこの手帳に書くのは、宗教に関することだけではない。お母さんから教わった料理のレシピや家事の知恵、新しい料理のレシピなど、日常の暮らしに役立つさまざまな知恵が手帳のなかにおさめられている。彼女にとって、お祈りやイスラームの知識は、来世に関する非日常的で特別なことがらではなく、日々の暮らしを営むうえで不可欠な、生活の知恵の一部なのである。暮らしに役立つ新しい知識をえたとき、彼女の手帳には、それを記した新しい用紙がつけ加えられる。この手帳も、写本と同様、いつか娘さんに受け継がれることだろう。このようにして彼女は、暮らしの知恵の一部としてイスラームに関する知識を受け継ぎ、そこに新たな頁を加えて、つぎの世代に引き渡している。

考えたためであった。伝統的イスラーム教育においても、クルアーン塾に通う生徒の大半は男性であり、女性が通うことは稀であった。女性は、家庭内で親や他の親族からクルアーンの詠み方やイスラームの教えを学ぶことが一般的であった。

しかし、一九三〇年代以降、公立学校における女子の就学率も向上していき、マドラサでも女子生徒が増加していった。カーミロル・イスラーム学院の場合、一九三八年の設立時は生徒は男子のみであったが、一九五〇年代以降、女子生徒も受け入れるようになった。ムスリム・ミンダナオ学院でも、五七年の開学時は男子生徒のみであったが、数年後には女子生徒を受け入れるとともに、女性教員が教えるようになった。六六年には、同校の若い女性教員五人が、エジプト政府の奨学金を受けてアズハル学院に留学した。彼女らは、父親からエジプト留学に反対されるが、示し合わせてハンガーストライキをおこない、最終的には、アフマド・バシール校長が父親を説得して、留学を許されたという。この五人の女性エジプト留学先駆者たちは、アズハル大学女子部でイスラーム法学とアラビア語を学び、数年後にあいついで帰国した。彼女らは帰国後、母校のムスリム・ミンダナオ学院に加えて、他の

▶ムスリム・ミンダナオ学院教員（1964年）　２列目左からズバイダ・バシール，一人おいてモネラ・イブラヒム，カイロニサ・マタオ。この３人を含む５人が，アズハル学院へのフィリピン・ムスリム女子留学生第一陣。最前列はエジプト人教師。

いくつかのマドラサをかけもちして、女子生徒に対する授業をおこなったという。今日では、全生徒の過半数を女子が占めているマドラサが多く、経営者も教員も全員女性という学校もある。

以上みてきたように、フィリピンのイスラーム教育は、近年、大きく発展しつつある。その過程では、多数のフィリピン・ムスリムの男女が着実な努力を積み重ねてきた。こうした歩みは、分離独立運動などのような派手な活動ではないので、社会的に注目をあびることは少ないが、このような地道な取り組みは、フィリピン・ムスリム社会に大きな変化をもたらす可能性をもっている。

モロ民族独立運動がのこしたもの

一九九〇年代以降のフィリピンでは、地方分権と参加型ガバナンスの導入にともない、ムスリム地域においても開発の担い手としてNGOが多数設立された。これらの組織のなかには、バンサモロという概念を、南部の周辺化された住民の自己決定、不平等の解消、社会的公正の要求を正当化するためのイデオロギーとして用いる団体も少なくない。

その他、平和構築、社会開発、人権問題などの分野で多数のNGOが、南部ム

◀**アズハル学院へのフィリピン・ムスリム女子留学生第一陣の一人，バドリア・アマノディン**　現役のイスラーム学校教員として活躍している。

スリム地域のみならず、マニラ首都圏をはじめとする中北部のムスリム・コミュニティーに存在する。二〇〇二年には、これらの団体相互の連絡組織としてバンサモロ市民社会コンソーシアム(CBCS)が結成された。この団体は、「民族自決権とは、ある民族が自分たちの政治的地位を決める権利のみならず、経済的・社会的・文化的発展を自由に追求する権利をも含む」として、バンサモロ市民社会も、自分たちの将来の統治のあり方を決めるフィリピン政府とMILFの和平交渉に関与すべきだと主張している。

モロ民族独立運動の源流となった諸運動、すなわち、イスラーム教育改革運動、防衛ジハード運動、リベラルな改革運動、左翼政治社会運動などは、今日、新しい状況のなかで活発に展開されている。それらにおいては、モロ民族独立運動のなかでつくり出され、広められた「モロ民族」という観念が、さまざまに再解釈されつつ、運動の拠り所とされている。モロ民族独立運動は、モロ民族国家の分離独立という政治的目標の達成には成功していない。しかしそれは、モロ民族としての主体性の確立に貢献し、その後のムスリムの政治運動、社会運動の発展の基盤を築いたのである。

参考文献

池端雪浦「フィリピンの国民統合と宗教――南部ムスリムの分離独立運動をめぐって」史学会編『アジア史からの問い――アイデンティティー複合と地域社会』山川出版社　一九九一年

池端雪浦編『新版世界各国史　東南アジア史Ⅱ　島嶼部』山川出版社　一九九九年

池端雪浦編『日本占領下のフィリピン』岩波書店　一九九六年

石井正子『女性が語るフィリピンのムスリム社会――紛争・開発・社会的変容』明石書店　二〇〇二年

石井正子「フィリピン南部の紛争と人権侵害――保障されない個人の安全」栗本英世編『紛争後の国と社会における人間の安全保障』大阪大学グローバルコラボレーションセンター　二〇〇九年

大野拓司・寺田勇文編著『現代フィリピンを知るための61章』（第二版）明石書店　二〇〇九年

カイロ在住フィリピン人ラナオ学生イスラーム宣教委員会監修（堀井聡江訳、川島緑解説）「『新しい黎明』――一九六〇年代カイロのフィリピン・ムスリム留学生論文集邦訳・解説」(1)〜(6)『上智アジア学』二四〜二九号　二〇〇六〜一一年

川島緑「マイノリティとイスラーム主義――フィリピンにおけるムスリム身分法制定をめぐって」山内昌之編『「イスラム原理主義」とは何か』岩波書店　一九九六年

川島緑「南部フィリピン・ムスリム社会の山賊と民衆――「恐るべきラナオの王」の反乱」私市正年・栗田禎子編『イスラーム地域研究叢書3　イスラーム地域の民衆運動と民主化』東京大学出版会　二〇〇四年

川島緑「マラナオ語物語『バラプラガン』の社会像――ミンダナオにおける草の根イスラーム政治思想の探求」『上智大学外国

語学部紀要』三九号　二〇〇四年
川島緑「一九三〇年代フィリピン、ラナオ州におけるイスラーム改革運動――カーミロル・イスラーム協会設立をめぐって」根本敬編『東南アジアにとって二〇世紀とは何か――ナショナリズムをめぐる思想状況』東京外国語大学アジア・アフリカ言語文化研究所　二〇〇四年
川島緑「一九五〇～六〇年代フィリピンのイスラーム知識人の国家観――アフマド・バシール著『フィリピン・イスラーム史』を中心に」東南アジア史学会編『東南アジア　歴史と文化』四〇号　山川出版社　二〇一一年
川島緑「フィリピン――マイノリティ・ムスリムの政治統合問題」山影進・広瀬崇子編『世界政治叢書7　南部アジア』ミネルヴァ書房　二〇一一年
鈴木静夫・早瀬晋三編『フィリピンの事典』同朋舎出版　一九九二年
鈴木伸隆「米国植民地統治下におけるフィリピン・ミンダナオ島と管理される主体としての「モロ」」『歴史人類』三二号　二〇〇四年
辰巳頼子「旅して学ぶ――フィリピン・ムスリム留学生の事例から」床呂郁哉・福島康博編『東南アジアのイスラーム』東京外国語大学アジア・アフリカ言語文化研究所編　二〇一一年
鶴見良行『マングローブの沼地で――東南アジア島嶼文化論への誘い』朝日新聞社　一九八四年
床呂郁哉『越境――スールー海域世界から』岩波書店　一九九九年
バシール、アフマド（斎藤美津子訳、川島緑解説）『アフマド・バシール著『フィリピン・イスラーム史』』モノグラフ　第五号　上智大学アジア文化研究所　二〇一〇年

バドゥルディーン、サーリフ・M（堀井聡江訳、川島緑解説）「『回想録――アズハル大学および神護の都マッカのフィリピン人留学生覚書に寄せて』邦訳・解説（上）（中）（下）」『上智アジア学』二七～二九号　二〇〇九～一一年

早瀬晋三『海域イスラーム社会の歴史――ミンダナオ・エスノヒストリー』岩波書店　二〇〇三年

森正美「フィリピン――マイノリティの身分法　キリスト教的法伝統とフィリピン・ムスリム身分法」柳橋博之編『現代ムスリム家族法』日本加除出版　二〇〇五年

門田修『漂海民――月とナマコと珊瑚礁　フィリピン』河出書房新社　一九八六年

山田満「東アジア地域における平和構築――アチェ紛争とミンダナオ紛争の和平プロセスの比較を中心にして」『海外事情』五八巻四号　二〇一〇年

渡邉暁子「マニラ首都圏におけるムスリム・コミュニティの形成と展開――コミュニティの類型化とモスクの役割を中心に」『東南アジア研究』四六巻一号　二〇〇八年

Acmad, Adam. "Contemporary Philippine Muslim Historiography: Ulama's Views of Philippine Muslim History as Seen in the Works of Abdulmajeed Ansano", *Proceedings of KIAS/SIAS International Workshop "Diversity in the Traditions and Reforms of Islam,* Kyoto University & Sophia University, 2010.

Gutierrez, Eric et al., *Rebels, Warlords and Ulama: A Reader on Muslim Separatism and the War in Southern Philippines*, Quezon City: Institute for Popular Democracy, 1999.

Hashim, Salamat, *The Bangsamoro Mujahid: His Objectives and Responsibilities*, Mindanao: Bangsamoro Publications, 1985.

Horvatich, Patricia, "The Martyr and the Mayor: On the Politics of Identity in the Southern Philippines", in Renato Rosaldo (ed.),

Cultural Citizenship in Island Southeast Asia: Nation and Belonging in the Hinterlands, Berkeley: University of California Press, 2003.

Human Development Network, Philippine Human Development Report 2005, Quezon City: Human Development Network, 2005.

Majul, Cesar. *Muslims in the Philippines*, Quezon City: University of the Philippine Press, 1973.

Riwarung, Labi S., "Dimakaling — Hero or Outlaw? A View from a Meranao Folk Song", 『上智アジア学』二七号　二〇〇九年

図版出典一覧

ウスマン・イマーム・シーク・アル・アマン氏提供 *39*左
ウロムディン・サイイド氏提供 *57*上左
竹居直治氏提供 *23*
ダンサラン学院ピーター・ガウィン記念研究センター図書館提供 *44, 54, 57*上右, *61, 67*
著者撮影 口絵*1*, 口絵*3*, 口絵*4*, *4, 29, 36, 39*右, *46, 47*
*53, 57*下, *69*右, *84, 87*左, *92, 95, 96, 97, 101*
著者提供 *33*
ムスリム・ミンダナオ学院提供 *45, 100*
ムスリム・ミンダナオ学院アラビア語学部図書室提供 *51*
AFP=時事 口絵*2*下
Abdulmajeed D. Ansano, *Gonanao ko Panagontaman: Pontariya ko Manga Muslim sa Pilimpinas*, 2001. *87*右
Buhay Kamao, DVD video by Viva Video, Inc. Quezon City, 2001. *5*
Bureau of Insular Affairs, War Department, USA, *Report of the Philippine Exposition Board in the United States for the Louisiana Purchase Exposition*, 1905. *19*
Peter Gowing, *Muslim Filipinos—Heritage and Horizon*, Quezon City: New Day Publishers, 1979. 見返しをもとに著者作製 *3*
Salamat Hashim, *We Must Win the Struggle!* Camp Abubakre As-Siddique: Agency for Youth Affairs—MILF, 2005, p.35. *69*左
Maradika, no. 7, 1987. 口絵*2*上, *74*
Radio Television Malacañang, Presidential Communications Operations Office, Office of the President of the Republic of the Philippines. *30*
Roland Simbulan (ed.), *Philippine Development Forum*, vol.6, no.2, Manila, 1992. *66*
Tulay: Fortnightly Chinese—Filipino Digest. Vol.23, No.5, Aug. 03-16, 2010, p.1. *14*
Jane Wacan (ed.), *Dr. Ahmad Domocao Alonto, Sr., King Faisal International Awardee: Tribute to a Muslim Statesman*. Marawi City: University Research Center, Mindanao State University. 1988, p.20. *65*
撮影協力：
Greenhills Shopping Center *4*上・中
Jamiatu Muslim Mindanao カバー, 口絵*3*上
Ibn Siena Integrated School *95*左
Iqra Integrated English & Arabic School *97*

川島 緑（かわしま　みどり）

1952年生まれ。

東京都立大学人文学部卒業。

東京大学大学院総合文化研究科修士課程修了。

専攻，フィリピン政治，フィリピン近現代史。

現在，上智大学外国語学部教授。

主要著書・論文：「南部フィリピン・ムスリム社会の山賊と民衆――『恐るべきラナオの王』の反乱」私市正年・栗田禎子編『イスラーム地域の民衆運動と民主化』イスラーム地域研究叢書3（東京大学出版会 2004），「1950～60年代フィリピンのイスラーム知識人の国家観――アフマド・バシール著『フィリピン・イスラーム史』を中心に」東南アジア史学会編『東南アジア　歴史と文化』40号（山川出版社 2011），「フィリピン――マイノリティ・ムスリムの政治統合問題」山影進・広瀬崇子編『世界政治叢書 7 南部アジア』（ミネルヴァ書房 2011），“Transformation of the Concepts of Homeland and People among the Philippine Muslims: The Bangsa Moro Revolution and Reformist Ulama in Lanao”, in Yamamoto Hiroyuki, Anthony Milner, Kawashima Midori and Arai Kazuhiro (eds.) *Bangsa and Umma: Development of People-grouping Concepts in Islamized Southeast Asia.* (Kyoto University Press and Trans Pacific Press, Kyoto and Melbourne 2011)

イスラームを知る 9

マイノリティと国民国家《こくみんこっか》　フィリピンのムスリム

2012年4月25日　1版1刷印刷
2012年4月30日　1版1刷発行

著者：川島《かわしま》 緑《みどり》

監修：NIHU（人間文化研究機構）プログラム
イスラーム地域研究

発行者：野澤伸平

発行所：株式会社 山川出版社

〒101-0047　東京都千代田区内神田 1 -13-13
電話　03-3293-8131（営業）8134（編集）
http://www.yamakawa.co.jp/
振替 00120-9-43993

印刷所：株式会社 プロスト

製本所：株式会社 手塚製本所

装幀者：菊地信義

ISBN978-4-634-47469-7